英雄

人生的十堂英雄课

王浩一 著

北京时代华文书局

图书在版编目（CIP）数据

人生的十堂英雄课 / 王浩一著. -- 北京 : 北京时代华文书局, 2017.10
（历史笔记）
ISBN 978-7-5699-1876-2

Ⅰ. ①人… Ⅱ. ①王… Ⅲ. ①历史人物－人物研究－中国－古代 Ⅳ. ①K820.2

中国版本图书馆CIP数据核字（2017）第263197号
北京市版权局著作权合同登记号　图字：01-2017-6541

人生的十堂英雄课

RENSHENG DE SHITANG YINGXIONGKE

著　　者｜王浩一

出 版 人｜王训海
选题策划｜梁明德　邵鹏军
责任编辑｜周连杰
装帧设计｜格林文化
责任印制｜刘　银　訾　敬

出版发行｜北京时代华文书局　http://www.bjsdsj.com.cn
北京市东城区安定门外大街136号皇城国际大厦A座8楼
邮编：100011　电话：010-64267955　64267677
印　　刷｜山东泰安新华印务有限责任公司　0538-6119320
（如发现印装质量问题，请与印刷厂联系调换）
开　　本｜150mm×230mm　1/16　　印　　张｜18　　字　　数｜185.5千字
版　　次｜2018年1月第1版　　印　　次｜2018年1月第1次印刷
书　　号｜ISBN 978-7-5699-1876-2
定　　价｜42.00元

YING
XIONG

人生的十堂英雄课

目　录

自序

给你一个想法和解释

在我们的身边，有许多人可能吃得饱但睡不好，可能睡得好但活得累，肩上有社稷的人究竟是少数，大多人困在人与人之间，有家人龃龉的，有爱情困顿的，有人事浮沉的，有朋友圆缺的，有社会动荡的……在灰色与蓝色的日子里，许多人卡住了。

当经济不景气时，社会学家说口红会卖得好；当气候异常时，大气科学家说再上升几度，海洋会淹没我们的家；当身边出现许多说京片子的人们时，政客说我们快丧失自己的岛屿母亲；当大嫂团在银幕上指责她们的先生不浪漫时，小三正在精品店挽着她们的先生；当大学教授忧心教育时，学生正为了 Lady Gaga 通宵排队。大家都很累，日子的期望值大家都在设定，但是，大家都惶恐，眼神都很干涩，也虚空。大家真的很累，大时代动得很快，但是，我们的步伐却是如此缓慢。大家真的很累很累了，社会新闻却是不断地撞击我们内心最后的宁静。

不快乐的时候，心理学家告诉我们有很多选项远离它；寂寞的时候，哲学家告诉我们孤独是创作的起点；伤心的时候，音乐家说莫扎特的旋律有疗愈功能；迷失的时候，神学家说祷告与忏悔可以修补我们的性灵；无法作决定的时候，算命师会摇动着灵签指出迷津。但是，有没有一支“智能手机”，它有 GPS 功能，当我们 key 上任何有关“人生”的关键词时，它就可以帮忙画出生命路径，帮忙理出情绪与态度，甚至告诉我们人生的“潜智慧”里那些游戏规则。

什么是“潜智慧”？

孔子说他三十而立，四十而不惑，五十而知天命，六十而耳顺，七十而从心所欲不逾矩。许多人羡慕孔子的成长进阶，也努力追寻属于自己的养成，然后，在不同年纪里，印证与孔子相同的“生命节奏”。但是，大多数的人，却是三十还立不了，四十依旧有惑，五十仍然搞不清楚自己的天命是什么。中间的差异是，孔子他在古老的“智慧地图”中寻找到了自己的生命坐标，而许多失去信心、对现状不满、迷惑的人们依然随波逐流，载浮载沉着。

什么又是“智慧地图”？

孔子在将近五十岁时说过：“加我数年，五十以学易，可以无大过矣。”他深感《易经》是一部揭示天地万物演变规律的高深天书，说出“五十而知天命”，即是阅读后的感慨。此后，孔子孜孜不倦，专注修习研究《易经》。《今帛传. 要》载：“夫子老而好

《易》，居则在席，行则在橐。”如此深度学习《易经》的故事，司马迁在《史记·孔子世家》中有详细的记载：“孔子晚而喜《易》，序《彖》、《系》、《象》、《说卦》、《文言》。读《易》，韦编三绝。”说的是：当时的书，用漆写在竹简上，以皮带串订，称作“韦编”，孔子反复阅读《易经》，串订的皮带断了三次。

《易经》，是三千多年来人类的“智慧地图”，我如此定义这本书，那是因为《易经》是过去所有的智者他们判断是非、建构思想理论的依据。《易经》是群经之首，但又被古人视为《难经》——是我们文化典籍里最难懂的著作。虽然是过去所有黄金头脑的人都要阅读，甚至钻研的一本“天书”，可是，它的知识门槛确实是窒碍。所以，如何让人“易而难，难而易”进而领悟，再到成为借以发挥个人思想的工具，这个过程一直困扰着《易经》门里和门外的人。

我尝试以“历史人物”当是《易经》的敲门砖，对照着古人的生命经验，看懂每一状态下的抉择与成败，这些人们都跟我们一样有喜怒哀乐，也有相同的脆弱或是坚强的心理指数。如此，以不同的古人的生命起伏与过程，印证不同的卦理，我想，应该可以让《易经》更容易亲近与理解，进而比对我们的行为，调整我们偏失掉的思考模式。

人的思维方式大致有二：一类是逻辑智辨，一类是体悟融通，各有利弊。智辨者多以逻辑思维切入事物的深层处，再精准掌握其中的道理，但如果表象朦胧未清之际却难以确定立足点，在大势未明时，就容易陷入迷惑，简单地说，当数据不足时即无法扒梳出逻辑道理。而融通者却能在朦胧的感性中多有体悟，集中感受，得到理解，可是往往却无法深入解析、论述。

我说《易经》是“古老的智慧地图”，说的就是《易经》的思考模式异于上述二者。《易经》可以举偏概全，载道广应，卦词爻句都如走盘之珠，晶莹剔透却又温润，拨弄之间，明白万事万物的运动变化，明白有时会由量变累积而导致质变的规律。所以，仔细端看古人的风起云涌，或是云淡风轻，总有许多智能亮点与人性温度蕴藏其中，透着几个有趣的想法或是一些抽象的阴阳观念，直到人生、历史或哲学，都是一场不断变换诠释的过程。这样的说法，可能仍没说出云深不知处的《易经》的入口与去处。

换另一种现代人的说法：人生有六十四个怎么办，就是《易经》里六十四卦的规律。现实生活里，个人主义方兴未艾，享乐主义洋洋得意，拜金主义甚嚣尘上，生活中充满了苦闷、冷酷、彷徨、纠葛、失落的阴影，而许多的“人生的怎么办”，都不一样，如何取得哲人的指点迷津，对症下药，现代人显得比古人更迫切与需要。

当你找不到自己的位置怎么办？

当你疏懒的时候怎么办？

当你孤独的时候怎么办？

努力了还不成功怎么办？

当别人不理解你怎么办？

当你气疯了，想揍人的时候怎么办？

当你要向别人推荐自己的时候怎么办？

当你特别得意的时候怎么办?

当你想虚伪的时候怎么办?

当你面临大的过渡怎么办?

当你当断不断的时候怎么办?

当你在升进顺境的时候怎么办?

当你要停止的时候怎么办?

当你如日中天的时候怎么办?……

再换古人不同的说法：孔子讲“君子不器”，器是可用的物，任何东西都必须经过雕琢、约束才能成器，而成器之后，它就被固定为特定的用途和司职，好像盛水的勺子就不能砍柴，点灯的烛心就不能当餐具。一个观点也像一个“器”，可以用来切中某个状态、某个议题、某个感受，甚至某个时空，所以任何一个器，无法也无须道尽其义。许多事不见得能一针见血，鞭辟入里，但是，有时一个想法，却能轻易开启灵动的领域。

我在高中时期开始接触《易经》，起初是好奇，但读到《乾》卦，看到里面有潜龙勿用、见龙在田、或跃在渊、飞龙在天、亢龙有悔不同阶段的样貌，我看到一道弧线，先缓缓上升，再陡峭爬高，接着逐渐趋平，到了最高点，然后不可避免地下滑。在那个年轻的岁月，我很清楚，我已经看到万物万事都是同样的抛物线，上升和下坠，只是，那个最高点你自己要如何设定？而当它开始下坠之时，要做的只是如何延迟下落速度，如何让落点漂亮？我是从苍龙看懂《易经》的，从《乾》卦进入神奇的智慧地图。

我觉得：万物在萌发阶段也可以比拟是“龙”，东方，春天，属《震》的方位，是阳气初生阶段，所以东方称之青龙。八卦的“震”指的是长子，震又通“娠”，怀孕的意思，震是青龙——正在萌生的龙。人类胎儿初期的胚胎，窝卷的样子，就像玉玦的造型——古老的玉饰——有螭龙的首和尖而卷曲的尾端，首尾环成一个圆弧，但是有一缺口，古人每用玉玦表示决断或决绝之意。龙有萌，也有藏、有现、有行、有跃、有飞，当然也有悔，我理会万物万事都是龙态。这是当年，年轻的我所看到古人智慧的光芒。之后，我行行走走于易理之间，灵活转换视点。

《乾》卦是六十四卦的首卦，以“能隐能现”的龙来作说明，爻词简洁，不言而喻。当时年轻的我，读着这些神奇的文字，知道如果话讲得太死，就难以灵通；道理讲得太实，不易推尽易理，一理通，万理就通，如此的理解竟让我有了窥探天机的喜悦。之后，进入职场，随着岁月更迭，认识了许多工作场域上的潜规则，体验了许多言语不能点破的游戏法则。所看到的不愉快，我不会把它归纳为黑暗面；所看到的残忍竞争，我也不会把它说是病变。这些的理解和解释，我一一的在《易经》里，找寻到古人智慧的入口。我也明白，龙可以改变形体，把自己原来的样子隐藏起来，这只是变化、藏匿的巧妙罢了！

说来惭愧，我自己非学历史出身，到了中年后，才开始精读历史和一些传记，把这种与古人神交的经验，当是动人心旌的至高享受，也是一种绝佳的精神悠游。之后，再从自己的历史笔记里，把这些古人的精彩生命亮点，在《易经》的地图里找寻他们的坐标，而我只是再一次印证这美好的智能地图。

历史，是可以自由组合的内存，你可以亲切有味地看着古人，然后从他们的生命轨迹里找到智能的路径，从而成为一个成熟的思考者，尝试“预言”未来，这就是“鉴往知来”。明白过去的途径，就容易推敲出未来的去向，如果能臆测将来，那眼前的第一步如何跨出，显得容易多了，也笃定不少。

所以，容许我在此权当一名地图导游，当看法改变了，想法也可能会改变！

什么是太极、两仪？

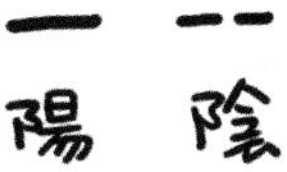

“易有太极，是生两仪。两仪生四象，四象生八卦”。“太极”有两个解释：其一为卦画，就是以S形分割左右为一白一黑的饼图；其二说的是卦象形成前，混而为一的状态，即是天地未分的“浑沌”。之后，产生了“阳”直线、“阴”断线的符号，合称“两仪”，分别称之阳爻、阴爻。

什么是四象、四向？

“两仪生四象”的“四象”，是指阴阳两爻相交所得到的。“四象”如同“四时”，少阴为春，老阳为夏，少阳为秋，老阴为冬，天地能长养万物，就是有春去秋来、寒来暑往的交替变化，也有生、长、收、藏的生命现象。“四象”

也有“四向”的意思，少阴为东，老阳为南，少阳为西，老阴为北。

什么是八卦、六十四卦？

“四象生八卦”的“八卦”，是指少阴、老阳、少阳、老阴再与阴阳两爻相交之后所得。

八卦所代表的基本物象是乾象天、兑象泽、离象火、震象雷、巽象风、坎象水、艮象山、坤象地。古人认为这是宇宙最明显的八种物象。

尽管如此，八卦数量太少，不足以说明复杂的自然现象、社会现象，于是八卦再自相重叠，排列组合就产生六十四卦，如《蹇》卦就是由下艮上坎两卦组合而成，《升》卦就是由下巽上坤两卦组合而成。

什么是多数服从少数？

《易经》中有一个“多从寡”的基本原则，就是“贵寡”，以

"阴阳相生"代替"阴阳相抵"。简单地说，《易经》反对"众暴寡"的霸道哲学，而以"物以稀为贵"当作思维价值 。在八卦中，除了乾纯阳卦、坤纯阴卦之外，其他六卦是一阴二阳或一阳二阴组合。如果一阴二阳之卦，如巽、离、兑则为"阴"卦，甚至象征长女、中女、少女：如果一阳二阴之卦，如震、坎、艮则为"阳"卦，甚至象征长男、中男、少男。至于乾、坤则分别代表生育子女的父、母。

什么是内卦、外卦？

《易经》八卦排列组合，产生六十四卦时，上下两个卦形成一个组合，此时下卦称之"内卦"，上卦称之"外卦"。"卦"是《易经》特有的表达思维的工具，任何有关《周易》的诠释皆以卦名、卦画、卦象、卦义四种。至于卦名、卦画更是释卦的前提，所以，"画卦"的规矩就

必须了解："由下往上画！"释卦的时候也是由下往上，依序而成，讲究的就是"由内而外"。

什么是爻序号？

因为画卦"由下往上数"，依序称为初爻、二爻、三爻、四爻、五爻、上爻。凡是阳爻则称之"九"，阴爻则称之"六"。组合起来就成了初九、九二、九三、九四、九五、上九。或是成了初六、六二、六三、六四、六五、上六。

什么是中正当位？

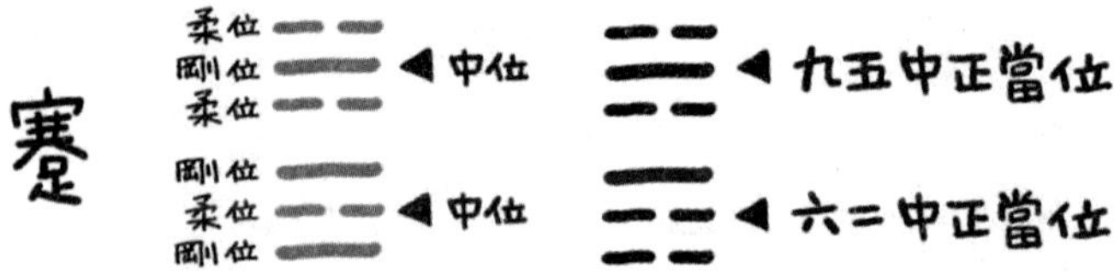

清楚了"由下往上"的爻序号，下面开始了解阴阳位置，初爻、三爻、五爻奇数位是"阳位"或是"刚位"。二爻、四爻、上爻偶数位是"阴位"或是"柔位"。如果把六个爻三分，则初、二是"地位"，三、四是"人位"，五、上是"天位"。其中五是尊位，所以我们常常听到"九五之尊"或是"位登九五"，就是这个意思。

其中二是下卦的中位，五是上卦的中位。所以任何爻占据二位、五位都可称“得中”或是“得正”。而阳爻占据刚位，或是阴爻占据柔位，即可称之“得位”“当位”。六二、九五即是“中正当位”，六二以柔居阴又是下卦的中位，九五以刚居阳又是上卦的中位。

什么是承乘比应？

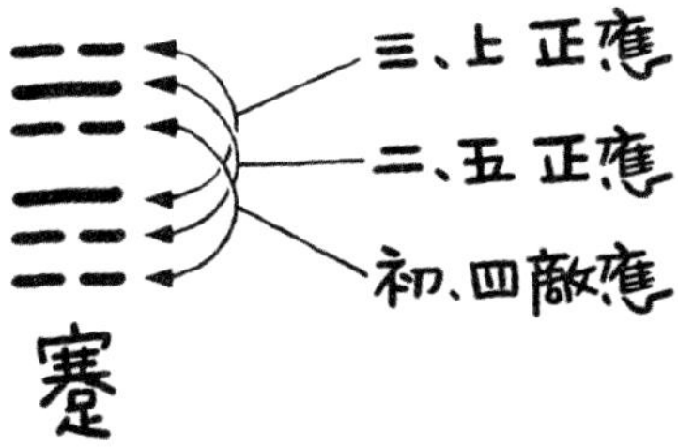

每卦共有六个爻，“由下往上”排列。凡是两个相邻的爻称之为“比”，比就是比邻、比近的意思。如果相比的两个爻，一阴一阳，就更加亲近一些。“应”是对应、应合的意思，六个爻分成下卦、上卦，下卦的第一爻与上卦第一爻（第四爻），下卦的第二爻与上卦第二爻（第五爻），下卦的第三爻与上卦第三爻（第六爻），有相对应的关系。如果是一阴一阳的相对应，有阴阳相济称“正应”，如果两爻都是阴或都是阳则称之“敌应”，或是中性“不应”。

“承”“乘”则是相邻两爻的关系，承是在下承接，乘是乘驾在上。相邻的两个爻，在上对在下的就是“乘”，在下对在上的就是

“承”。如果阳爻乘阴爻、阴爻承阳爻则称为“顺”，反之称为“逆”。

卦的“错综互杂”是什么意思？什么是综卦、覆卦？

综卦就是覆卦，又称反卦，就是把卦反着看，“横看成岭侧成峰”，立场不同观点就不同。综卦的理，是告诉我们万事要客观，因为立场不同，观念就完全两样。许多事情的真相，往往前后、正反都能端详一番，更能够清楚彼此的差异，也更能加深彼此了解。在六十四卦里，许多两两相反的覆卦摆在一起，更富哲理。例如《鼎》的覆卦是《革》，《丰》的覆卦是《旅》。要鼎立新风就要先破除陈旧，所以鼎革这两个字常常一起使用；《丰》说的是事物丰盛硕大，《旅》说的是羁旅居外、萍踪浪迹，丰卦是家太大、亲故太多，旅卦相反，“失其居”而“亲寡”。

至于“否极泰来”“泰极否来”则是大家耳熟能详的用语了。

什么是错卦？

错卦，是阴阳爻错的意思。六爻皆阴变阳，阳变阴，所得的卦即为错卦，表示从另一个立场来看事情。错者交错也，鳄鱼的利牙都是交错的，所以特别有力量，立场相同，看法却不同，便是相错，相错者相辅则相成，相背时则力量抵消。例如乾和坤，天和地同时存在，但风格正好相反。离与坎，也是一样，火水虽相反，但也有互补之效。

“见微知著”的《姤》卦的错卦则是“返初复始”的《复》卦，姤表示有相遇的机会，抓住机会，也有复的可能，偶遇的机会也将较多。“男女感应”的《咸》卦的错卦是“锦上添花”的《损》卦，损己利人则有咸，损人利己则无咸，损和咸间有交错关系。

以《易经》的道理去看人生百态，一举一动，都有相对、正反、交错，有得意就有失意，有人赞成就有人反对，人事物理都一定是这样的，离不开这个宇宙大原则。六十四卦是独立的卦，但也是彼此相互牵动的，世间万事本来就是复杂的，有时是蝴蝶效应，有时是墨菲定律，有时牵一发动全身，有时无心插柳柳成荫。我们不喜欢说“可怜之人必有可恶之处”，但是连动式的骨牌，却又使我们对“生命逻辑”的“不是不报，是时间未到”有深刻感受。

YING XIONG 人生的十堂英雄课

管仲

寡人有大邪三

坎

乾

需

上六　入于穴，有不速之客三人来，敬之，终吉。

九五　需于酒食，贞吉。

六四　需于血，出自穴。

九三　需于泥，致寇至。

九二　需于沙，小有言，终吉。

初九　需于郊，利用恒，无咎。

管仲从一颗种子，看见未来茁壮的大树

我喜欢一句话："从种子看见大树"，用现代管理学的说法就是："用赏识力预见成功"，当成功还没有头绪，但因高明的赏识力，就可以预测未来的成功。用历史来印证这句话，代表人物之一就是秦朝的吕不韦，当他还是商人之际，在赵国邯郸经商，认识了在赵国当人质的秦国宗室"嬴异人"——后来的秦庄襄王，嬴异人落魄潦倒，但是吕不韦却当他"奇货可居"，最后，他在大秦王朝位极人臣，当上丞相，封为文信侯，赐食邑河南洛阳十万户。

有位管理大师曾经进一步诠释这句话，他说赏识力有三个要素，第一个要素就是重新架构：先要摒除旧的思维，架构的过程里有两个大梁柱，"知识是成功的关键"和"勇敢是成功的心态"；第二个要素，说的是对正面的价值肯定，凡事用积极面思考；第三个要素，从现在看到未来如何发展，这是预测未来成功的轨迹，而这个轨迹一旦确定，就要从现在脚下的第一步开始调整起。

我没有上过企业管理的课程，无法说出："管理并非不是不努力，而是……"这样子的语句。我只能驾着历史的船只，划破汤汤的河道，溅起泼剌剌的水声，在大河之中寻找英雄课的标杆人物，在他们的人生亮点里扒梳智慧。在这次的航行，首先来谈谈诸葛孔明的偶像——管仲，谈他如何管理老板，谈他如何把齐桓公推上春秋五霸的首席，也谈他们老少双人组如何在春秋时代建立名留史册的高度。

之前我尝试进行一系列的《我的历史笔记》，其中讲座题目：

《从〈易经〉看齐桓公与管仲的酸辣汤食谱》里面说的就是齐桓公对管仲的赏识力，反之，也谈管仲对齐桓公的赏识力，这是伯乐与千里马彼此成就对方的佳话。这两个人年纪大约相差十五岁，从不打不相识，到“九合诸侯，一匡天下”。

春秋时代，见于史书的诸侯国名有一百二十八个，比较重要的大约二十个，“齐”是其中之一，这是姜太公的封国，就是后世尊奉为战神的那位姜子牙的封国。齐国在历代前几位君主致力整顿政治，发挥滨海鱼盐的优势，提倡家庭纺织业，发展商业和手工业，使得齐国国力逐渐在众多诸侯国中冒出头来。

故事从齐桓公的父亲齐僖公说起。

齐僖公两位绝色倾城的女儿

齐僖公在位三十三年，把齐国经营成“小霸”局面，就是说在周边几个国家中，他是角头大哥！他有三个儿子和两位女儿，儿子的部分晚点儿介绍。先说这两位漂亮的女儿，因为宣姜和文姜的美艳，在史册记录的评价是“绝色倾城”。说“绝色”，是人长得漂亮；说“倾城”，就是说漂亮到国家要出乱子了。

宣姜以美貌著名，被聘给卫国世子“伋”为妻，但伋的父亲卫宣公在举行婚礼前，得知新娘长得国色天香，十分貌美，便将伋支使到宋国办事，趁机在淇水上建立新台——就是盖了一座新宫殿，迎娶宣姜，立为自己的夫人，然后另外给伋娶了别的女子。

以后历史上添加了“二子同舟”这样令人感伤又钦佩的故事，而卫国也因“宣姜之美”乱了五世，政局才稳住。

“二子同舟”的故事：宣姜到了卫国以后，很受宣公宠爱，旧爱夷姜因失宠而上吊自杀，宣姜也就成为宣公的正夫人。宣姜生了公子寿和公子朔，至于原来的世子伋当然要倒大霉了。宣姜意图要自己的儿子做太子，卫宣公对伋的态度也是“见笑转生气”，于是决定要痛下杀手，他派伋乘船出访齐国，暗地里命令刺客在齐卫交接的莘野杀死他。但刺客并不认识伋，宣公就下指令说见到有手持白旄者就杀死，白旄使节正是使者的标志。

公子寿发现了这个秘密，他知道劝阻父母无效，恳求伋逃走。但是伋太孝顺了，即使是父亲要杀他，父命仍然不可违抗，“父要儿死，儿不能不死”，坚持上路。于是公子寿亦雇舟，与伋同行，假称要为他饯行，两人在舟中饮酒告别，伋自知此行必死无疑，开怀畅饮，公子寿也有心要灌醉他，没多久，伋醉倒了。公子寿把他送上岸，带着他的白旄上了船先行，结果被预先埋伏的刺客杀害。伋酒醒后，发现白旄使节不见了，只留有弟弟的遗书，急忙上前追赶，结果碰上事成回航的刺客。伋向刺客道明原委，求得一死，结果亦遭到杀害，两兄弟前后求仁得仁。

至于另一位女儿文姜呢？更精彩了。她起先被许配给郑国世子“忽”，郑国人还为此创作了一首民歌来表达对这位未来的“君夫人”的期待之情，所谓君夫人就是春秋战国时期对诸侯正妻的称谓，至于民歌内容，《诗经》是这么记载的：

有女同车，颜如舜华。
将翱将翔，佩玉琼琚。
彼美孟姜，洵美且都。
有女同行，颜如舜英。
将翱将翔，佩玉将将。
彼美孟姜，德音不忘。

歌曲中赞扬了她的容貌像木槿花一样美丽轻盈，还称颂了她的德行如玉般温润。可是“郑”是小国，很快地就以“齐大非偶”的理由，退掉了这门亲事。从此“齐大非偶”这一成语意指辞婚者表示自己门第或势位卑微，不敢高攀。

然而退亲的真正原因可能是郑国已经知晓了文姜的私情——她的情人，就是她自己的亲哥哥，大她两岁的同父异母兄长——齐国未来的接班人“诸儿”。诸儿就是齐僖公的长子，也是齐桓公的大哥。这段乱伦之恋不可能得到认同，因此文姜被父亲嫁到了鲁国，成了鲁桓公的夫人，并为他生育二子。长子“同”刚一出生，就被封为鲁国世子。

齐襄公的乱伦之恋引发的谋杀与政局动荡

公元前六九八年，也就是周桓王二十二年。这位姜诸儿（因为是姜子牙的后代，当然姓姜）即位为齐襄公，史册的记录说这个人：荒淫无道，杀戮无辜。齐襄公即位第三年，同时也是文姜嫁到鲁国的第十五年，此时他准备迎娶周天子的女儿，并按照周礼，邀请和周天子同姓的鲁桓公来主持婚礼，鲁桓公的名字叫姬允，他已经在位十七年了。

文姜知道丈夫要去齐国，便要求一起去，鲁国大臣以不合礼法劝谏鲁桓公，但是文姜的执意加上鲁桓公对妻子的溺爱，最后答应了她的请求。

在齐国，文姜和诸儿果然旧情复燃，她留宿齐宫，彻夜不回鲁侯居住的驿馆，鲁桓公为此大为恼火，斥责了妻子，文姜转而向兄长告状，和妹妹藕断丝连的诸儿起了杀心。他设宴灌醉了鲁桓公，同时交代力士彭生在送鲁桓公回驿馆的路上将其杀死。一国国君为情谋杀另一国国君，在中国历史上是空前绝后的事件。

发生了国君在外被谋杀的事件之后，一时之间，鲁国哗然，纷纷要求兴兵攻齐。最后在鲁国一位大夫谏阻说道："鲁弱齐强，攻伐未必可胜，战败则反其辱。"于是鲁国硬把国耻吞了下去，遣使至齐，强烈要求将凶手彭生绳之以法。齐襄公自知理亏，加上鲁国的压力，他下令杀死了彭生。

齐襄公的胡作非为，齐国"国家不日益，不月长"，政局大乱，国内动荡，军令不稳。史书说齐襄公"言行无常，人莫知其所为"，许多贵族预感到将要大祸临头，纷纷走避他国。连齐襄公的两位弟弟，姜纠和姜小白也恐有杀身之祸，于是公子纠在管仲与召忽的辅佐之下避走鲁国，公子小白则在鲍叔牙的辅佐之下到莒国避祸。

其实这样的分组辅佐，早在齐僖公的时候就已经分派好了，当时鲍叔牙对于他负责辅佐公子小白很不满意，因为，他认为小白将来毫无机会当上国君，齐僖公这样的安排，一定是对自己才能的不认同，所以常常称病不出。管仲对此倒有不同的看法，他向鲍叔牙分析说：“齐国人憎恶纠的母亲，所以连带不喜欢纠，但是怜惜没有了妈的小白；至于诸儿性情卑贱，以后会发生什么事都还不知道呢。所以，将来要安定齐国的必然是纠或是小白，至于小白为人无小智，惕而有大虑，将来万一老天降祸加殃给齐国，如果是纠继位，事将不济，只有小白才可能安定社稷。”鲍叔牙听管仲说小白“小事糊涂，大事英明”的论述后，愉快地出来接受任命，竭力尽心付出。

管仲与鲍叔牙这两位交情深厚的好朋友

后人使用的成语“管鲍之交”，就是“比喻交情深厚的朋友”。我们来说说“管鲍之交”这两位相知最深的成语主角吧！管仲是单亲家庭的小孩，父亲早死，家道中落，年轻的时候帮人家养马维持生计，奉养母亲。与鲍叔牙认识得早，成了历史上有名的交情深厚的好朋友。管仲年轻时期的运气实在不济，经历坎坷，自己曾经说起鲍叔牙如何挺他的过往：

> 我贫穷时，与鲍叔一道做生意，分财利时，总是多拿，鲍叔从不以为我贪，他知道我是因为贫穷的缘故。我曾经替鲍叔谋划事情，结果使得事情反而更加陷于窘境，鲍叔不认为我愚笨，他知道时运有顺有不顺。我曾经三次求仕，却得不到君主的信任，最终都以被逐结束，

鲍叔不认为我不肖，他知道我没遇上好时机。我曾经三次打仗三次逃跑，鲍叔不认为我胆小，他知道我家里有老母需要赡养。

管仲感慨地说："生我者父母，知我者鲍子也。"

在管仲人生最为艰困的阶段，自始至终都贯穿着鲍叔牙的理解与支持，这对管仲来说无疑是雪中送炭，使他能够屡仆屡起，重新振作起来，坚持下去。

管仲有着坚韧不拔的毅力，在多次困苦的境遇中，内心始终燃烧着希望之火，他安贫，可是他知道"一肚子苦水的人，不会赢得别人的敬重"。他最可贵的就是"不羞小节而耻功名不显于天下"的态度，正因为心中存有这样的不息火苗，他才能够平静地面对各种生活的苦难而不失态、不偏激。他在隐忍中等待机会，在困境中探索成功。

齐襄公被弑，君位争夺战开始！

恶贯满盈的齐襄公终于遭遇报应，他被公孙无知弑杀于宫中。古人取名字真有趣，这位无知先生算是齐襄公的堂弟，这里的"公孙"不是复姓，春秋时期诸侯的庶子叫"公子"，公子的孩子叫"公孙"。

在公孙无知谋划作乱之前，发生了成语"及瓜而代"的事件，引爆源头是齐襄公的"言行多变，政令不信"。故事是这样的：齐襄公派两位大夫率兵去守卫葵丘这个地方。两位大夫临行前小心地问：“什么时候可以调回来？”正在吃瓜的齐襄公，随口说：“至明年瓜熟季节派人替换戍防。”过了一年，两位大夫吃到了新瓜，也派人带着瓜去献给齐襄公，提醒他期限已经到了，并且趁机请求派人替换屯守葵丘。

齐襄公听说他们要求调回，反而生气地说：“回不回来由我说了算，怎么可以自己请求呢？再等候一次瓜熟好了！”两位大夫到了这个时候，忍无可忍，愤怒地率兵回到了都城参加叛乱。后人根据这个故事，把任事期满，换人代替，就叫做“瓜代”。齐襄公自己多行不义，因此被“瓜代”掉了。

叛乱之前，鲍叔牙已经判断“君使民慢，乱将作矣！”意思是：国君役使臣民的态度轻慢，叛乱将要发生了。于是，管仲与鲍叔牙分别带领公子纠和公子小白前往他国避难。公孙无知自立为齐国国君，但是不受拥戴，甚至不被广泛承认。不久，公孙无知又在雍林被杀，齐国一时没有了君主。公子纠和公子小白都拥有君位继承权，两人分别在鲁国与莒国的支持下展开了君位 PK 赛，规则非常简单：谁先返抵国门，谁就可以登基称王。

就路途远近，显然在莒国的小白比较有利，于是管仲在鲁国的支持之下，抢先在莒国通往齐国的道途中设下埋伏，准备半路截杀公子小白。管仲亲自拈弓搭箭，直接射中。可是人算不如天算，衣带钩救了小白一命。机智的小白“哎呀”一声顺势躺倒装死，骗过了管仲，不着痕迹地抢先回国即位，是为“齐桓公”。

在易经有一卦《需》，说的是“既是求其所需，又要待其适时”的道理，阐明“等待时机”的原则。《需》卦前三爻取“需”

于郊、沙、泥，由远到近，步步往险的途中，心境随之变化。后三爻君子需待在险境之中，如何理出正面价值，从现在的坐标找出未来开展的途径。在《需》的理解中，看到管仲如何与齐桓公相处，他“需待”有方，有时虽遇险也能化夷。我们可以从此处学到：“天下之事，若能款曲停待，终是少错。少错，成功的机会就会大增。”

从《易经·需卦》看四十一岁的管仲，如何辅佐齐桓公争霸

坎

乾

上六　入于穴，有不速之客三人来，敬之，终吉。

九五　需于酒食，贞吉。

六四　需于血，出自穴。

九三　需于泥，致寇至。

九二　需于沙，小有言，终吉。

初九　需于郊，利用恒，无咎。

《需》卦，上卦坎水，下卦乾天，卦象就是天上有雨云，比拟云气上集于天，待时降雨，喻示“需待”之义，全卦阐明事物在发展过程中，会有一段酝酿期，当耐心等待的道理。鲍叔牙起先不甚满意的公子小白，确实有诸多“劣根性”。但是，有 CEO 本质的思想家管仲，后来在主持齐国一系列政治和经济改革之外，也“需要”慢慢感化有企图心但耐性不足的齐桓公，管仲很清楚他必须“需待”聪明的齐桓公，“需待”齐桓公的醒悟与决心。这是个训练如何强化耐心的卦理。

第一爻 · 初九　需于郊，利用恒，无咎。

把《需》卦的六个爻摊平来看，第一爻离“上卦的水”最远。尚远于“坎”这个“水”的地方，所以称“郊”，古代都城之外称郊。离城五十里为近郊，一百里为远郊。后泛指城外、野外。

恒，常也;《需》卦的险难在坎水，初九是第一个爻，距离坎水最远，所以说“需于郊”。初九以刚居阳，又上应六四，有“乾”之自强常德的本质:“远之不惰，近之不躁”。初九有上往的本性，故诫以当守其恒常之德，不犯难行也，长久耐心地静候时机，方得无咎。

这下子尴尬了！被公子小白骗过的管仲与公子纠一行人，优哉游哉地六天后才到了齐国，发现齐桓公已经就定位了，失望与惊惶不在话下。可是，有一个人却是超生气的，就是打着如意算盘的鲁庄公，他本来以为可以借着扶立公子纠来干预齐国内政，进而建立自己的霸权。野心勃勃的鲁庄公干脆发兵攻打齐国，企图以武力强行改立公子纠。

刚上任的齐桓公不是省油的灯，他果断率军迎击，并且在“乾时之战”一举击溃鲁军。鲁军失败后，鲍叔牙率领军队，代表齐桓公前往鲁国，表达齐国的意愿，那是什么？齐国的意愿就是齐桓公的要求：“子纠，兄弟，弗忍诛，请鲁自杀之。召忽、管仲雠也，请得而甘心醢之。不然，将围鲁。”白话就是：我的兄弟纠，麻烦鲁国帮忙处理掉，至于召忽、管仲这两个家伙，尤其管仲的一箭之仇，我要当面算一算账，再把他剁成肉酱！齐桓公要杀公子纠以绝后患，这是真的。至于要把管仲交还给齐国，这个背后可有一番大思量了。

即位不久的齐桓公，他考虑把劳苦功高的鲍叔牙提名为宰相，出乎意外的是，鲍叔牙竟然坚辞不就，还积极推荐管仲为相。鲍叔牙说明："君如果只要治齐，高傒和我就够了，但如果要称霸，那就非管仲不可了！管仲有五点比我强：宽惠柔民，我不如他；治国而不失其柄，我不如他；取信于百姓，深得民心，我不如他；制定礼仪，风化天下，我不如他；治理军队，使百姓更加勇敢，我不如他。"

两百多年后，孔子与学生们讨论春秋诸国臣之最贤者时说："齐有鲍叔，郑有子皮。"并进一步评价道："知贤，智也；推贤，仁也；引贤，义也。有此三者，又何加焉。"可见孔子对鲍叔牙的"爱贤"很推崇。

司马迁在《史记·管晏列传》中却说："天下不多管仲之贤，而多鲍叔能知人也。"他对管仲的"贤"的评价比鲍叔牙的"知"更高。

这样，历经磨难的管仲得以离鲁回齐，从此他的人生步入另一个阶段，在书写自己壮丽篇章的同时，也开启了齐国四十年的霸业。这个时候，管仲已经四十一岁。

第二爻·九二　需于沙，小有言，终吉。

沙，近水之地，犹未入水；小有言，谓言语之伤，乃灾之小者。九二这个爻位已接近河水，有需待于沙之象。九二近险而未入险，所以小有言语之伤，即是受到别人的一些非难指责，但无大害。

九二以阳刚之才居柔，又固守在乾卦的中间，不躁进妄动，是善于安顿“需道”的爻，终必有吉。表明九二宽宏大量不急躁，虽然受到一些非难和指责，但终久能获得吉祥。

齐桓公与管仲终于见面了，齐桓公忍不住面试：“社稷可定乎？”管仲回答：“君霸王，社稷定！君不霸王，社稷不定！”他并不满足于平铺直叙地回答齐桓公的问话。当时的场景是：一边不停地问，一边滔滔回答，雄辩大略的主轴“霸主中原”话语不断地出现，齐桓公兴致很高地质询管仲的治国方针，而另一方面的管仲，也在确认齐桓公要的是“鸟雀之安”还是“鲲鹏大志”。

齐桓公又问：“你的宏图大略我懂，可是，寡人有大邪三……”我有三大毛病：好猎、好酒、好色。管仲平常心回答：“人君唯忧与不敏为不可。忧则亡众，不敏则不及事。”这个仁慈的答案意思是说：作为国君，只要不是优柔寡断和不勤勉，其他的都是“私好”，与霸业无涉也。显然，齐桓公对所有的答案都非常满意，他信心大增，高调地拜管仲为相，要所有的人跟他一样尊称管仲为“仲父”，不许犯宰相名讳。

管仲努力地对内政整顿改革。其中一项内政大计“官山海”，就是主张由国家控制盐、铁的专卖及山林川泽等自然资源统筹管理的经济思想和政策。一天，管仲在齐国上山下海完成了“国家专营”的大计，还带了一个叫婧的姑娘回到都城。晚上，齐桓公给管仲和婧姑娘设宴接风，酒席上齐桓公频频地往她的碗里夹菜，还摸着婧姑娘的小手。管仲和齐桓公的夫人蔡姬看在眼里……不舒服！

蔡姬找了借口，她去了一趟御膳房，跟主厨易牙耳语了几句，就回到桌上。不久，侍女端来一盆汤，浓稠的汤汁透着香气，齐桓公舀了一勺喝下，结果一下就被呛着了。齐桓公哇啦哇啦地叫了起来：“这是什么汤？又酸又辣？快叫易牙来！”一方面又看到其他人都一致对此汤称赞不已。蔡姬趁势说：“这世上有的东西就是闻着香，可是吃不得，就比如这道酸辣汤，你闻一闻就是了，但它不是你喝的，我们喝着就觉得香，你可别见什么都想贪啊！”

齐桓公是聪明人，弦外之音他懂，他也缩手了。好消息是，从此我们有酸辣汤可喝了。其实，齐桓公不只好猎、好酒、好色，他还好吃，有历史四大食神的首席——易牙每天伺候消夜，而且从来没有重复过，他的人生实在太幸福了。不过，老天满公平的，齐桓公最后是“饿死”的，但这是四十年后的事情了。

第三爻·九三　需于泥，致寇至。

泥，接水之地，即将入水；寇，害之大者。九三这一爻已经与坎水相邻，身处在接水之地，所以说“需于泥”，有在泥泞中等待之象。

九三以刚居阳，刚阳过盛，而且不是中间的位置，又与上卦的坎的上六有相应，显然要奋力上进，可是进又会陷入险难之中，于是招寇得难，自找苦吃，这是有伤害的爻。此处说明九三要处处谨慎小心，才能避开危险。

齐桓公开始感觉良好，但是“富国强兵”收效太过缓慢，何年何月才能称霸中原？他决定发动战争，征伐诸侯，以最快的速度震服天下。管仲认为这种称霸之路，绝对不可行，尽管有如此想法，管仲倒没有积极劝阻，只说了“师出无名”。齐桓公把鲁国当是第一个讨伐对象，许多大臣包括鲍叔牙都不赞成这次伐鲁，当然，大家都改变不了齐桓公的意志。鲍叔牙质问管仲：“你是宰相，桓公信任你，你也知道这次伐鲁是不明智的举动，为何你不力谏呢？”

管仲坦然说道：“什么信任？我管仲尚未为齐国立下寸功。想你跟随桓公多年，一定知道当他执意做一件事时，别人根本劝不动的。”接着说：“这次伐鲁，凶多吉少。让他吃些苦头，凭他的聪慧，必定从失败中学到一些教训。”管仲进一步解释：“主公年轻气盛，不知治国兴霸的难处。以小败换取大胜，何乐而不为？”

鲍叔牙被任为大将，率兵伐鲁。他明白管仲的道理，可是他也绝不甘心败于鲁国，齐国大军一路势如破竹，齐桓公收到捷报忍不住对管仲说：“看我怎么收拾鲁国吧！”另一方面，鲁庄公以重金和爵位悬赏招募能破齐军的人，最后找到一位名不见经传的曹刿。他以“一鼓作气，再而衰，三而竭”削弱齐军旺盛的斗志，再率领鲁军势如疾雷般掩杀而来，结果齐军溃不成军，鲍叔牙率残兵落荒而逃。这就是春秋时期著名的“长勺之战”。

齐桓公不死心，找来宋国，再组成联军攻鲁，又以大败告终。齐桓公胸怀坦荡，恳切地向管仲说：“这都是寡人的过失！”管仲的回话也干脆：“伐鲁如果取胜固然可喜，但对主公来说，吃了败仗，也许并非悲哀的事。”齐桓公不懂，鲍叔牙事后向齐桓公说明管仲“小败换大胜”的话。齐桓公的恍然大悟，是管仲“等待之道”的结果，耐心以待，天上的密云终究会下雨的。

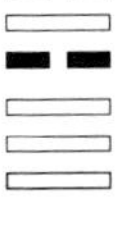

第四爻・六四　需于血，出自穴。

下卦乾体三爻，说的是“需待不进”，进入到上卦坎体三爻，则是“进而致通”。血，杀伤之地；穴，险陷之地。有在血泊中等待之象。

六四爻已进入上卦坎险之中，以柔居阴，而六四又能等待于深穴，所以有“需于血”之象。同时，六四的阴对九五的阳可以上承，有“可以上往”的义理，故云“出自穴”，终在险地得以出脱。表明六四此时必须沉着冷静，顺应时势，听天由命，以等待转机到来。

当大哥有时真的很辛苦，以“尊王攘夷”当作圭臬的中原霸主齐国，当你的盟国小弟有难求救于你的时候，刀山油锅，袖子一挽，眉头也不能皱，就要帮兄弟去了。燕国使者来齐国搬救兵了：“夷族山戎连连侵袭，燕国危急！”

从受理求援、确定出兵、招集部队、出发前往，齐军到达燕国之时，山戎连续践踏蹂躏燕国已达两月有余，东北部已是一片焦土和荒凉。而戎兵听到齐国大军将到的风声，早已席卷而去。

齐桓公与管仲答应燕庄公，齐军会深入东北方向代为扫平山戎。大军行进二百多里，费了九牛二虎之力终于大败山戎，可是山戎部落的首领，率领残兵投奔孤竹国，一部分残兵败将投靠冷支国。齐桓公与管仲决定一不作二不休，干脆绕着地球再往前，干脆扫平孤竹、冷支两国，以绝后患。齐军继续深入荒野大山，几次交战后，齐军被引入“旱海”——那是一片茫茫大沙漠，荒无人烟，寸草不生，只见到处是高高低低的沙丘。没有看过沙漠的齐军，完全迷失在一处叫做“迷谷”的旱海之中，几天后，接着饮水也出了问题，齐军陷入危机。

“老马识途”的故事便发生在这个时候。管仲认为：“老马之智可用也！”他让几匹老马在前面不慌不忙地走着，队伍跟在后面，终于回到了原来的路上。脱困之后，齐军利用夜袭战略灭了孤竹国，再以迷惑战术智取剽悍的冷支国。至此，燕国的北部、东部的祸患全部铲除了。齐桓公出手大方，他把夺得的夷族土地五百余里土地，全部划归燕国，自己片土不取。

齐桓公班师回国，燕庄公为齐桓公殷殷送行。一路畅谈天下事，两人越谈越是投机。燕庄公送了一程又一程，不知不觉已进入齐国国境五十多里。两人才依依不舍告别，这时齐桓公猛然想起周室延续下来的古礼：“国君相送，不能越境”，他决定把走过的这五十里的土地相赠给燕国。燕庄公说：“情同手足，何必拘于古礼。”齐桓公非常坚持：“非天子，诸侯相送不出境，吾不可以无礼于燕。”这一段佳话的后续：对齐桓公所割之地，燕国曾经筑城以示纪念，后世称为“燕留城”。有点矫情，但我相信这是大气的齐桓公内心的君子之风。

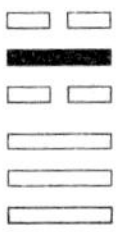

第五爻·九五　需于酒食，贞吉。

酒食，饮食宴乐。九五所谓“宴乐，饮酒”，就是说应当“涵养以俟时”——安以待之，非谓宴安以自怠也。九五以刚阳之才，居正，又是上卦之中位，虽陷于险中，但是其才足以济险，其德足以服人。

九五阳刚中正，需于尊位，所以，九五不急于眼前浅近的一时之功，不犯揠苗助长之过。换言之，九五不急于济险出难，只要守正，终能得吉！

卫国也来求救了，卫国当家的是卫懿公，他就是那位嫁给卫宣公，超级大美女宣姜的孙子。宣姜有两个儿子，公子寿死在“二子同舟”，公子朔后来登基为卫惠公。惠公死，他的儿子公子赤即位，即是卫懿公。

管仲接到卫国受到北狄的侵略告急，他跟齐桓公都认为应该让卫懿公得到一些教训，决定暂缓出兵。原因是卫懿公淫乐奢侈荒诞，尤其爱好白鹤的程度，令人傻眼。喜欢高贵典雅的仙鹤，本来无可厚非。但是，他封他养的爱鹤有大夫、将军的品位，这些鸟大夫、鸟将军，甚至领有丰厚的俸禄。加上卫懿公荒废朝政，不问民情，横征暴敛，难怪真的有麻烦了。敌军压境的消息传来，卫懿公惊恐万状，急忙下令招兵抵抗。结果军民都躲起来，不肯挺身抵御狄寇。大家都说让那些“鹤将军”、“鹤大夫”率军迎战吧！当然，军心不齐的卫军惨败，卫懿公也战死。最后，齐桓公与管仲出手了，他们率领齐军击退狄寇，重建了卫国。后人把“卫懿公爱鹤”这一成语比喻因小失大，也等同于“玩物丧志”。

盟主当久了，齐桓公开始飘飘然，他以为天下诸侯尽在掌握中，春风得意时，还不该歇息享受一番吗？

一天，管仲循例前往桓公住处请安，看到齐桓公以白巾绑头，满脸痛苦，管仲急忙问道：“何疾？”“可能风寒吧！心口憋闷，头晕目眩。”管仲听了后，劝他好好歇息疗养。齐桓公皱着眉接着说：“哎！人生苦短，寡人和仲父年岁渐长，鬓发花白，想想寡人有千年基业，却没百年寿命啊！近年常感到疲劳倦怠，好想行乐一番，仲父不会反对吧？”说了半天的齐桓公，露出殷切的眼神看着管仲。

深谙人情的管仲，他清楚齐桓公在一连串的成功之后，骄态和怠惰渐渐显露，管仲不说教，也不啰唆，反而顺着齐桓公的心意说：“好啊！那主公就乐一乐吧！”齐桓公得到这么爽快的答应，头不痛了，精气神也都来了，赶快备酒！敲钟击磬！吹竽鼓瑟！宫女翩翩起舞，一连数日酒酣宴乐。这下子把所有大臣急坏了，纷纷进谏，结果统统被管仲阻挡，大伙儿对管仲开始不满。而管仲竟然也开始陪着齐桓公喝酒行乐，齐桓公受了鼓励，越没顾忌，端着酒，眯着眼说：“快乐吗？仲父！”

管仲苦笑：“依臣之见，这是悲哀而非快乐！”

齐桓公诧异问为何，管仲慢慢说明西有秦晋南有强楚，西戎北狄死灰复燃，依臣看来，主公近日的行乐，身在钟磬声色之间，但是不知四面兵戈闪烁，令人胆战心惊啊！管仲继续分析着天下局势，齐桓公低头，不语，耳边传来妻妾的欢乐笑语声，齐桓公汗流浃背地抬头问道：“既然如此，仲父为何不早规劝？寡人险些误了大事！”

他毅然撤去歌舞酒宴，勤理政事的齐桓公回来了。鲍叔牙不解地向管仲表示歉意，也问为何不早劝主公，管仲解释：“主公存有行乐之心已久，早点劝阻或许能稍加收敛，但总是千回百转耿耿于怀，随时会再动心起念，不如干脆让他玩得尽兴，沉溺久了，玩过度了，再晓以利害，才能让他大彻大悟啊。”

第六爻·上六 入于穴，有不速之客三人来，敬之终吉。

穴，险陷之地；速，邀请。“不速之客”，就是不待召，自己前来的人。三人，说的是乾体的三个阳爻。上六与九三有应，下卦三阳需待许久，他们同进出险，所以有“不速之客”的说法。《需》卦的卦义：“待而后进”。卦到了九五，“需道”已经致通，乾体的三阳不召自来，希求与上九一起出险。

上六阴居险极，无复有需，有陷而入穴之象。但上六以柔顺之德，对三个阳爻敬而待之，终究自己也能从此处险极之地脱险，化险为夷，终得吉。

公元前六五一年，齐桓公即位三十五年，管仲也已经七十五岁了。

齐桓公准备在葵丘，召集鲁国、宋国、卫国、郑国、许国、曹国等国相会结盟，这次的会盟理由：其一，为宋国的新君定名；其二，与郑国重新盟约。私底下还有一个理由，那就是在会盟之时，选择与会大国诸侯中最贤明的君侯，把公子昭托付于他，未来如果国家有难，可以辅佐公子昭定国安邦。齐桓公有六个儿子，公子昭为郑姬所生，以贤被立为世子。管仲向齐桓公说明：“如此一来，臣与主公百年之后，昭既有贤者为辅，又有母家郑国为援。”

在葵丘，宋襄公向齐桓公谈到父亲宋桓公病逝之事，原来他在父亲病逝之后，想要让位给弟弟公子目夷，目夷坚持不受，他才即位。这次的会盟之约是齐桓公为了帮助他的定名之会，虽在新丧，也要戴孝赴会。齐桓公听完后，深感他的拥戴，也知道宋襄公本来就是仁义厚道、善于用贤，如今又有让位的仁德美谈，决定将世子昭嘱托他予以照应。后话是，齐桓公死后，齐国危急动荡，另外五子都要争夺君位，宋襄公果然尽心协助世子昭登位，是为齐孝公，而宋襄公也以仁义成了“春秋五霸之二”。

会盟之日，诸侯们连袂到了坛下，场面气派盛大，大家欢声笑语不断。众人请盟主升坛，然后依序而升。坛上设有周天子的虚位，众诸侯北面拜稽，仪式隆重。齐桓公代表诸侯各国宣读了共同遵守的盟约：不准把水祸引向别国；不准因别国灾荒而不卖给粮食；不准随意更换太子；无以妾为妻；要尊贤育才，以彰有德；要敬老慈幼，无忘宾旅。既盟之后，各国之间要彼此“言归于好”。后来，这四个字人们常用来表示“重新和好”。

惊喜的是，会盟现场，忽报有周天子的使臣到临，这位“不速之客”太宰孔，原来他是代表周襄王天子，古时“太宰”的职责是“掌管国家的六种典籍，用来辅佐国王治理国家”，是百官之首。他特地来赐周王室祭祀文王、武王的祭肉和弓箭等物给齐桓公，也代传周天子的谕旨：“余一人之命有事于文、武，使孔致胙。”意思是：“我祭祀了文王、武王，让宰孔送祭肉给你享用。”接着又命令齐桓公说：“因为你谦卑劳苦，加上我应称你伯舅，可不必下拜受赐。”这个恩赐太大了，齐桓公急着跟管仲商量怎么办？

管仲回答说："为君不君，为臣不臣，乱之本也。"为君者不讲君威，为臣者不讲臣礼，这是造成祸乱的本源啊。齐桓公很惶恐，出来接见宰孔说："天子的威严离我不到咫尺之间，我小白岂敢接受天子"尔无下拜"的命令，这样恐怕我会犯过失，给天子带来耻辱。"于是下阶再拜稽首，然后才登堂接受胙肉。周襄王还赏给他大辂车、缀有九条流苏的龙旗和渠门红旗，诸侯们都称颂齐桓公的举止合乎礼仪。

《易经》的"不速之客"是指前来请求帮助脱险；周天子派来的"不速之客"则是来向齐桓公致谢昔日助他离险，而得以登上王位。这么尊重的祭肉赐赠，表示周天子公开承认齐桓公的霸主地位，此举，标志着齐桓公的霸业达到了顶峰，这也是齐桓公九合诸侯的最后一次了！

管仲与齐桓公彼此的"成就对方"，建构在同心协力的赏识力，两个人都得以从小种子到历史大树。齐桓公弃一箭之仇，委管仲军国大政，得到了他的中原霸主地位。而管仲从与鲍叔牙的友谊，到在历史上被定位为一位有谋有为的大政治家，他成了许多后代文人景仰的对象，粉丝团之中包括了三国时期的诸葛孔明，下回就来说说这位浑身魅力的智者吧！

孔明

躬耕南阳的身影

乾

艮

遁

上九　肥遁，无不利。

九五　嘉遁，贞吉。

九四　好遁，君子吉，小人否。

九三　系遁，有疾厉，畜臣妾，吉。

六二　执之用黄牛之革，莫之胜说。

初六　遁尾，厉，勿用有攸往。

看清乱世环境，身处在暗处是最好的办法

谁是你的典范人物？

历史大河里有许许多多精彩人物，有帝王公侯，有文臣武将，有英雄豪杰，还有庶民隐士。以前，在历史课本字里行间阅读他们的时候，总觉得那是缺了人性的符号。近些年来，开始端详他们一生起伏转折的故事，才感觉到他们也有温暖的人味，进而知道英雄也会流泪，武将也会害怕，隐士也会奋力一鸣。基本上，他们也是凡人，只是面对问题的时候他们抉择的方式与态度，其结果让他们显得不平凡，甚至，成了典范人物。

于是，我探索着，好奇地想知道他们是怎么长大的？老师是谁？如果有，教了他们什么东西？在人生转折点的时候，他们在想什么，结果有人向下沉沦，有人却是乘风而起，当时影响他们决定的关键是什么？他们茁壮的过程中，又有谁是生命的典范人物？如何启发他们？

讲座之一:《从 < 易经 > 看诸葛孔明与刘伯温的 PK 赛》，这两位都是运筹帷幄的顶尖人物，生在不同的时代，谁比较厉害？当然无解，可是，这是我小时候对他们无限好奇的问题。年轻时，对他们的神机妙算充满了向往，总想象他们昂然伫立在高处，纶巾羽扇，葛衣草履，眼神深邃地望着远方的画面。

关于诸葛孔明的部分，他的气质形象，大部分的人可能跟我一样，都是从《三国演义》罗贯中的描绘中建构起来的。我试着钻研了他年少时，在父母双亡后的成长过程中，如何养成了老灵

魂？从山东老家迁徙到了荆州，他有哪些志趣相投的朋友？他又跟谁交往，从中汲取智慧的启发？他又拜谁为师？二十岁时他结婚了，家庭生活与后来刘备三顾茅庐有何关连？太多的谜，也有太多的好奇想知道：东汉末年的混乱时代，年轻的诸葛孔明为了看清自己周遭的时代环境，他知道躲在暗处是最好的办法，而他的“卧龙心灵”如何锻炼？

事情从孔明四岁时的黄巾之乱说起吧。

黄巾之乱，爆发出新时代的群雄并起

东汉的皇帝寿命都不长，从第一代汉光武帝的六十四岁，第二代汉明帝的四十八岁，之后的十个皇帝全没超过四十岁。所以，皇帝短寿、少帝即位的状况不断重复，这意味着年幼皇帝身边的人，不是外戚，就是宦官，双方的势力来回消长，长期斗争的结果造成政治败坏，人心怨愤。东汉安帝以后更是连年天灾，水利失修，农村经济衰退，疫症盛行，百姓多苦，社会已出现动荡不安。

冀州人张角借宗教笼络人心，随者广布，名声大噪，加以煽动后，建道立教，名号“太平道”。根据《三国演义》的描述，张角入山采药，遇到一名碧眼童颜的老人（人称南华老仙）授予《太平要术》。张角得书后，晓夜攻读，终有所成，自号“太平道人”。

东汉灵帝中平元年，一八四年，那年岁次刚好是甲子年，春节刚过不久，张角自称“天公将军”，历史上规模最大的一次宗教形式组织的暴动，终于引燃，史称“黄巾之乱”。他们头上裹绑黄巾，以“苍天已死，黄天当立，岁在甲子，天下大吉”为口号，兴兵反汉。民间五行的说法，汉朝为火德，火生土，而土为黄色象征，系绑黄色的头巾，就是要“以土灭火”，象征要取代衰败的东汉王朝。

当然，有造反革命的人，就有挺身为剿灭的人，当时重要的角色有何进、董卓和曹操，还有刘备、关羽和张飞。同样的一年，发生了让后世人琅琅上口的“桃园三结义”的故事，就是因为黄巾贼军的肆虐，这意气相投的三位，在当年三月，桃花盛开的季节，选在一个绚烂的桃花园林，举酒结义，对天盟誓，有苦同受，有难同当，有福同享！

这年刘备二十四岁，关羽二十三岁，张飞十七岁。三位悲壮的热血青年，从此占了史册好大篇幅，这三位出身不同的人，萍水相逢于乱世，能“恩若兄弟”相处，确属难能可贵。他们的故事影响深远，到了后世依然成为后人效仿的典范，也成了中国传统文化基因的一部分。

取名为“亮”，是希望他未来能为乱世带来光亮！

至于四岁的诸葛亮当时的状况又是如何，我们从他出生那一年说起。

一八一年，东汉光和四年，记载着天有异象：六月庚辰，盛夏，降下鸡蛋大的冰雹；九月庚寅，初一，出现日食。那一年农历多了闰九月，诸葛珪次男的生日，就在第二个九月初一。虽然相差日食一个月，但同是九月初一，诸葛珪认为也许如日食所暗示，东汉今后将会是黑暗的时代. 把孩子取名为“亮”，希望这个孩子能为世人带来光亮。

一八四年，黄巾军起义，世局动荡。四岁的诸葛亮与母亲离开故乡阳都，到了父亲任职的泰山，诸葛珪当时任职泰山郡丞地方官。东汉年代，“郡”的最高首长是太守，郡丞相当于副太守，负责行政，责任繁重。诸葛亮有一位长他七岁的哥哥诸葛瑾、大他一岁的姐姐诸葛铃，母亲由于健康欠佳，常卧病在床。这段幼年时期，诸葛亮在父母身边度过。

一八九年，九岁的诸葛亮平静的日子有了大转变，母亲生下小弟诸葛均没多久，即病逝。当他失去母亲时，十六岁的哥哥正在首都洛阳游学。之后他与姐姐，加上新生不久的小弟三人离开了泰山，全部回到家乡阳都定居。当时，本来在洛阳左中郎将府担任侍郎的叔叔诸葛玄，受不了洛阳的政争，已经辞官返回阳都。诸葛亮除了跟随家塾教师学习之外，他常跟在叔叔身后，倾听他与其他人议论京城洛阳的大变局。

一九一年，东汉王朝的天下，有了翻天覆地的大动荡。董卓乘京城混乱之际，举兵至洛阳城内，废掉皇帝另立十岁的献帝，迁都到长安，想借天子之名恣意操纵天下，揽权霸道。董卓一阵恶搞后，促成了关东军阀联盟的成立，自己成了全民公敌。后来，董卓为部下吕布所杀，随后吕布又被董卓部将李傕、郭汜逐出长安。天下陷入各路军阀相互征伐的局面，掠夺地盘，杀戮争战成了家常便饭。小诸葛亮静静地在一群大人中，听他们议论时局。

小诸葛亮颇为好学，经常若有所思的样子，仅长他一岁的姐姐诸葛铃常劝他多跟同年纪的孩子玩，不要只跟叔叔聊天下事。可是，课业之余，他还是常对大人的话题，加以推演，这成了诸葛亮思考事情的习惯。名“亮”，是父亲取的，希望他“能为世人带来光亮”；他的字“孔明”，则是自己取的，期许自己“能从细孔之间窥明人世智慧”！

一九二年，诸葛孔明十二岁，母亲死后三年，父亲也病逝于泰山郡丞任上。

失怙的孔明，跟随叔父从青州迁居到荆州

父亲去世之际，叔父正滞留在荆州。他正伺机在荆州牧刘表麾下谋得更好的职位。家乡几个失去父母的侄儿女，他暂时无法帮得上忙。

几个年轻的失怙小孩，则待在家乡等着没有子嗣的诸葛玄，返家安顿未来的日子。一年多后，叔父终于得以暂时离开荆州回到故乡，他准备将姐姐诸葛铃、诸葛孔明和小弟诸葛均三人带领到荆州抚养。至于已经算是大人的诸葛瑾大哥，则留在阳都故乡，

那儿是山东也是当时的“青州”。

要出发了，从青州到荆州，要经过徐州。一行人刚到了徐州，大家看到战争后的焦土一片，整个地面都被烧成褐黑色，凶手是曹操！四年前，徐州牧陶谦的手下杀了曹操的父亲，谋财害命。四年后，一九三年，曹操的复仇战开打，闯入徐州彭城的曹操军，见人就杀，从夏天杀到秋天，数十万的百姓成了这场复仇战的冤魂，曹操军将尸体投入泗水，留下了“凡杀男女数十万人，鸡犬无余，泗水为之不流”的凄惨记载。年轻的诸葛孔明，第一次看到地狱。

离开徐州，到了荆州襄阳的孔明已经十四岁了。

东汉共有十三州，荆州是其中之一，涵盖当今河南省南部至湖北、湖南两省的广大地域。荆州有七郡，其下分有一百一十七个县。大县的长官称“县令”，小县的长官称“县长”；郡的最高长官称“太守”或“郡守”；至于州的最高行政长官称为“刺史”。黄巾之乱后，一些州“刺史”升为州“牧”，同时拥有行政、军事权和财政权，所以“荆州牧”刘表成了名副其实的割据诸侯。诸葛玄就在刘表麾下出仕，襄阳，就是当时荆州的行政中心。

襄阳城，相对于其他地方，算是和平之城，也是当时中国最繁荣的城市。因为洛阳已遭董卓彻底破坏，长安则有军阀打混战。襄阳位于汉水南岸，北岸则是樊城。后来，大陆行政区已经将两者合并为襄樊市，隶属于湖北省。二〇一〇年十一月二十六日，又为了以“卧龙故里”拼观光，国务院同意襄樊市更名为襄阳市，原襄阳区改为襄州区。

没有战争的襄阳，却四处听得到关于战争的消息，各路之间的战争讯息不断地涌进来。其中，有来自各州各地的新居民，他们的家乡已经沦为战场，为了寻求和平，他们迁入襄阳。而在襄阳的书生们，课业之余将群雄的名字书写在大张纸上，势力较大的，字体写得较大，势力较小的英雄名字就写小一点。几个 A 咖割据诸侯：袁绍、曹操、袁术和荆州刘表，当中已被涂掉的名字，吕布是第一个，接下来的是辽东公孙瓒。其他 B 咖、C 咖的有七八十人，陆陆续续有人上榜，而跌落榜外的更多。

三姊弟跟着被刘表任命为“豫章郡太守”的叔父，转到豫章上任。十五岁的诸葛亮，身高已经近一八〇公分，俨然就是一个小大人了。

少年孔明与他的生命导师“医圣”张仲景

豫章郡的行政中心位于现在的江西省南昌市，赣江流经城市外侧，注入鄱阳湖。如此兵家必争之地，曹操也任命朱皓为豫章太守。一个豫章郡，两个太守，在那个年代不奇怪，谁是有实力者，谁就是拥有者。

朱皓募集一些乱世的野心家部队驱走了诸葛玄，诸葛玄退守到不远处的西城，兵力不足，终究还是守不住暂时安栖的小城，诸葛玄的人马又必须撤离了，自愿留下的少年孔明，只身面对敌军，他帮叔父一行人争取了撤退的时间，自己最终也全身而退，这是啼声初试的十五岁的诸葛孔明。

之后的一次战役，诸葛玄伤势不轻。虚弱的他只能挣扎返回襄阳，危机四伏的返家队伍，行进缓慢，对手搜捕的阴影随时从身后出现。千辛万苦才安抵襄阳，之后刘表将他安顿在大堤地区的一座两层楼官邸，隔壁还安置了一位医生，这位医生就是历史上鼎鼎有名的张仲景。

张仲景，本名张机，仲景是他的字。他是诸葛玄的好友，也是年少孔明重要的生命导师，这位通晓万般学术的大学者、医学家，他的著作《伤寒杂病论》，是中医史上第一部理、法、方、药具备的经典，此书被称为："为众方之宗、群方之祖。"张仲景也是水饺的发明者，重阳节登高活动的启动者。

故事是这样的：后来，张仲景被刘表委任长沙太守，工作之余仍然常为百姓除疾医病。有一年当地瘟疫盛行，他在太守衙门口直接垒起了大锅，舍药救人，深得长沙人民的爱戴。甚至，每逢初一和十五衙门大开，不问政事，让有病的百姓进来免费看诊，他则坐在堂上为他们号脉诊病，久而久之形成了惯例，后世把医生在药铺里为人看病也称之"坐堂"，就是从张仲景开始的。

张仲景不愿意在东汉乱世与一些贪官污吏为伍，选择挂冠离去，当他从长沙还乡时，那是一个特别寒冷的冬天，在家乡湍水岸边，他见到许多穷苦百姓忍饥受寒，耳朵都冻伤了。平常日子里，诊所内求医的人本来就络绎不绝，张仲景已经忙得不可开交，但他心里总挂记着那些冻烂耳朵的穷百姓。于是，他仿照在长沙的办法，叫弟子在南阳东关的一块空地上搭起医棚，架起大锅，在冬至那天开张，向穷人免费舍药治伤。

张仲景的药名叫“祛寒娇耳汤”，做法是用羊肉、花椒和一些祛寒药材在锅里熬煮，煮好后把这些食材捞出来切碎当馅，再用薄面皮包成耳朵状的“娇耳”，分批下锅煮熟，分给乞药的病人食用。每人两只娇耳，一碗汤。人们吃下祛寒汤后浑身发热，血液通畅，两耳变暖。吃了一段时日，病人的烂耳朵就痊愈了。当年张仲景舍药一直持续到除夕，时间长达四十多天。

大年初一，各地都有庆祝新年的习俗，也有不同的美食文化诠释。后来，河南百姓感念张仲景的治疗义行，就仿娇耳的样子制作过年的食物，并在初一早上祭祖后全家飨吃。渐渐的，人们改称这种食物为“饺耳”或是“饺子”。现在北方的人们，依旧会在冬至和年初一吃饺子，这就是当年纪念张仲景开棚舍药和治愈病人，而沿袭下来的饮食习俗，距今已有一千八百年的传承了。而这位后世尊称的“医圣”，就是年轻孔明生命里三位重要的老师之一。

在易经有一卦《遁》，说的是“退而隐之”的道理，理的是“有所不为”的论述。《遁》卦初六、六二以后，连着四个阳爻，皆言当遁，要能知机而远避，有系遁、好遁、嘉遁和飞遁四种远避的哲理。在群雄争战不休、时局混乱之际，年轻的孔明了解为了看清局势，最好的方法就是退而藏之，隐身在黑暗的角落，不躁动，不可为。

从《易经·遁卦》看二十七岁前的孔明，如何锻炼心灵肌肉

乾

艮

上九　肥遁，无不利。

九五　嘉遁，贞吉。

九四　好遁，君子吉，小人否。

九三　系遁，有疾厉，畜臣妾，吉。

六二　执之用黄牛之革，莫之胜说。

初六　遁尾，厉，勿用有攸往。

《遁》卦，上卦乾天，下卦艮山，卦象就是天下有山，天比作是君子，山比作是小人，小人渐长，若高山之侵天。君子退避，若天远避山峰。全卦阐明事物发展受阻时，如何“暂行退避，徐图振兴”的道理。也说明局势未明之前，养晦之际，要收敛自己的锋芒，藏好自己的棱角。天有阴晴，世有乱治，事有可为不可为，还不可为之时就是《遁》。

第一爻 · 初六　遁尾，厉，勿用有攸往。

遁，避也，隐匿也。“遁”不是退，因为退，只有后退的意思，却没有避祸之义。下卦三爻，处艮体，主于止。首者，初也；尾者，后也，迟也。遁退在后者，就是尾之象，指的就是退落在最后的人，乃至遁机尽失，其势已危。至于，遁退在前者，则像是洞烛机先的智者。

初六处在当遁之时，体质柔弱又不能决，同时又是艮体的最下者，所以“止”，不能行！遁尾，遁退在后者，就是处在危厉的位置。既已在后，而且位居卑下，初六切勿复有所往，应该晦处静俟，“勿用有攸往”的另一面的说法，就是“不往，何灾也？”不去，就没事！不往，即是遁也！晦处以俟时。

在襄阳养伤的诸葛玄，察觉自己的病势已回天乏术，没有子嗣的他，除了期待侄儿孔明能继承他的志业，还让孔明服侍在床侧。陆续来探望病情的襄阳名士们，他刻意让孔明陪同，听取他们彼此的交谈，这是他最后能帮这位眉宇沉默、情感含蓄又会思考的侄儿，接受能够更鲜明地认知乱世轮廓的贴身教育。

一九七年，诸葛玄的病情日益加重，来探病的友人，谈的都是在寿春自称皇帝的袁术。从黄巾之乱后，各地割据的群雄，包括嚣张的董卓，无一人敢自称皇帝，而袁术以“仲家”为国号，他的愚蠢造成了群雄之间的势力失衡。这是一次有感地震，使许多本来依附在袁术麾下的B咖、C咖纷纷离叛，在江东的孙策是获利者之一，被袁术任命为居巢县长的周瑜，和任命为东城县长的鲁肃两人，也渡过长江投了孙策，江东阵营的版图逐日扩大。曹操更是最大获利者，他最终歼灭了袁术，成了北方两大霸主之一。

出仕，意味着和出仕对象的主子是生死与共的，尤其在乱世，更不能轻易决定。十六岁的诸葛孔明，已经算是成人的年纪，他的思考多了这个念头。

襄阳有几位荆州硕学公开讲学，最负盛名的是司马徽和宋忠此，每次都吸引众多的青年学子前来听讲，其中有诸葛孔明，还有他的朋友徐庶、崔州平、石韬和孟达等人。这些璞玉正在风暴中的台风眼伺机而动，彼此问着：“你有何抱负？”最年轻的孔明的回答是：“文为管仲，武为乐毅。这便是我的目标！”

管仲是春秋时代的超级明星，上一篇《寡人有大邪三》已经详述。乐毅则是战国时代武将，他是燕国将军，统帅燕、赵、楚、韩和魏五国联军，大胜当时的超级强国“齐”。乐毅晚管仲约有四百年，活跃于秦始皇前五十年。下次，有机会也来说说这位孔明的偶像。

第二爻 · 六二　执之用黄牛之革，莫之胜说。

黄，五色里的中色；执，逮捕、捉拿、固结，绑牢牢的；牛，顺物也；革，喻坚固而难解之物也；说，通“脱”字。“执之用黄牛之革”者，谓有此中顺之德，执之当固也。言六二此时不动不变，稳如泰山，牢固得很，如同用牛皮绳子捆缚住一样。

积极面解释：六二以黄牛之革固结九五，使之不得解脱。比喻六二以中顺之德，固结九五刚中之君。消极面解释：六二阴既浸长而逼近，“莫之胜说”说的是只有执中顺如革之固，则莫能胜，莫能脱也。简言之，就是要“以德固志”！

病中的诸葛玄仍挂念着已经十八岁的侄女诸葛铃，要帮她觅个夫家，媒人就是襄阳的大学者司马徽，对象是襄阳名门庞德公的儿子庞山民。庞德公住在砚山南麓，未曾进过襄阳城之门，过着晴耕雨读的悠闲日子。庞德公学识渊博，却有着超然世间的淡泊明志。

荆州牧刘表多次邀聘庞德公出仕，但都被婉拒。一次，刘表亲自到砚山南麓拜访庞家，希望能劝动庞德公到襄阳任事。当然，庞德公的答案仍然一样：“不登城门是在下的生存之道。”刘表接着说：“夫保全一身，保全天下，孰者？”既然是士，不是应该把天下的安泰摆在自身安泰的前面？

庞德公接着回答：“鸿鹄大鸟在高林上筑巢；鼋鼍鳄鳖在深渊下挖穴，为的是想在那儿栖息；人们的生存方式如同它们筑构可以安详休息的场所。这也是人的本能，又何须顾及天下的大任呢？”说完，庞德公直接坐在田埂上拔草，刘表又问：“苦居乡下，先生不顾官禄，将来遗留什么给子孙？”庞德公毅然回答：“世人皆遗之以危，今独遗之以安，在下遗留安全给子孙，只是遗留的东西不同而已，怎能说没有遗留下东西？”刘表叹息而去。

在台南有一座明末古迹“陈德聚堂”，那是一处家庙，左右墙上绘有彩绘大师陈玉峰的作品，一边是“历山访贤”，讲的是尧帝到历山拜访正在耕种的舜，他准备将帝位禅让给这位有贤孝之德的人。另一边则是“庞德遗安”，画作里刘表正与手持锄头的庞德公展开最后的游说。归纳合并两者的画作，陈家家训：“治世，则兼善天下；乱世，则隐居自保。”

叔父重病在身，姐姐的婚礼，便由孔明代表诸葛一家之长。自此，年轻的孔明与庞德公有了亲家的关系，他更拜庞德公为师。武侠小说家古龙在他的作品里，曾说一个人的名字会取错，但是外号绝对不会错。庞德公称孔明为“卧龙”，称侄儿庞统为“凤雏”，也称谓司马徽为“水镜”。从此，这三人就以这样的称号在历史上留名。

姐姐的婚礼还没满一个月，叔父诸葛玄病逝。

第三爻·九三　系遁，有疾厉，畜臣妾，吉。

系，绑住系牢；臣妾，小人女子也。畜臣妾者，畜即养，臣妾指初六与六二两阴，九三阳为君、为夫，两阴为臣为妻妾。艮有畜养的意思，故曰“畜臣妾”。

处遁之道，贵快速而远离，九三以刚居阳，当位得正。九三与上九没有阴阳正应，而往下有两个阴爻下比，好像有所牵系，导致其遁无法既速且远，所以“有疾”，而且危厉。二阴犹小人与女子，君子既于小人、女子有所牵系，未得远遁，只能“不恶而严”，行“畜臣妾之道”，以此得吉。

叔父死前，跟孔明说道：“本来你应该多到外面走动，与其他年轻人交往，却因为叔父而足不出户，真对不起你。”孔明诚心地回答：“不！我在这里，虽不出门却可以接触到天下的大人物。”接着说：“而且，我每天可以看到仲景先生，学到很多东西。”跟这些智能的硕学们，每天面对面地学习，确实对孔明日后有巨大的影响，也让年轻的孔明有了深不可测的老灵魂。

“我死后，你就到德操先生的塾里进学吧！”这是叔父最后对他的叮咛。

被庞德公称为“水镜先生”的司马徽，字德操，颍川阳翟人，为了躲避战乱而移居荆州。他也拒绝了刘表的延揽，理由是：“我生平最喜欢培植人才，自认也合适这样的工作。”水镜，指的水面清澈无波纹，可以映出人心的真实面。

司马徽曾经对孔明说：“世上有看来不像昏君的昏君，这是麻烦。特别的是，看来像明君的昏君。”他说的是刘表，因为刘表爱民、养士，看来像是明君。如果，一眼就像昏君，大家还会心存戒心，小心提防，受害者便在少数。但是看起来像是明君的昏君，以后的牺牲者就多了。毕竟好心做坏事，往往比存心使坏带来的麻烦更大，这个道理年轻的孔明很清楚。

叔父葬礼之后，孔明把大堤这座房子还给了荆州牧刘表。他准备搬到“隆中”，隆中位于襄阳城西方约十公里处，只有兄弟两人住在一起。“今后我们要自己耕种了。”孔明对着弟弟说明，接着又说：“要到德操先生学塾上课的地方，刚好在隆中与襄阳的中间，这样满方便。”孔明不仅规划自己的学业，也要开始考虑十岁的诸葛均的教育了。

开始四处行医助人的张仲景，也对孔明说道：“你太常和大人在一起了，都没跟同辈的小伙子相处，以后应该多和他们交朋友。”这是张仲景的忠告。

就在孔明开始躬耕南阳的第一年，一九八年，东吴的孙策为了攻击荆州，在卢江举兵，大军进入皖县时，获得传闻中的“二乔”，孙策娶了姐姐“大乔”为妻，担任中护军的周瑜则娶妹妹“小乔”。那年，周瑜二十五岁，孔明十九岁。

第四爻 · 九四　好遁，君子吉，小人否。

否，不善也；好，情理之所好者。九四处于外而有应于内，处外即意欲远遁，应内则未能弃舍。君子“好遁”，故能舍之，小人“系恋”，是以“否”也。

九四这一爻已经处乾体，主于行。九四以刚居阴，君子克己复礼，以义理当是决断的标准，该当遁行，则果断远去，不稍迟疑，所以君子有“好遁”之吉。至于小人，惑于私欲，不能断然远离，当然得不善。

二十岁的孔明要结婚了。

年轻的孔明移居到隆中已经快两年，虽然孔明不会让人看出辛苦的样子，还表现出如同庞德公“晴耕雨读”的优雅。但是，一个大男生带领正值发育期的青少年弟弟诸葛均，任谁都知道够孔明受得了。孔明是个山东大汉，身高至少一八五公分，他最好的朋友徐庶，却是不到一五〇公分的矮小个子，天龙地虎二人组，却是麻吉得很。

一天，徐庶认真地跟孔明介绍，襄阳名士黄承彦有一位已值适婚年龄的女儿，芳名叫黄绶，皮肤有点黑，眼睛明亮有神，容貌清秀可爱。问题是她身高有一八〇公分，所以到现在还没人正式上门提亲，也没人敢。“孔明兄，你觉得如何？”另一位好友崔州平又补上一句：“这位黄家姑娘除了高之外，还有一样奇怪的地方。”

“什么奇怪的地方？”孔明与徐庶同声问道。“这位女孩很能干，什么都会做，裁缝、烹饪难不倒她，奇怪的地方是她有擅长做道具的怪嗜好。”其实，“做道具”以现代话语说，她就是一位工业设计高手。日后，孔明率领蜀军北伐时，困于军中，伙食制作面条不易，东汉以前，煮面称之“煮饼”，面条都是用双手一条一条搓出来的，可是行军打仗，哪来的闲工夫搓面条，于是，黄绶发明了一种机械可以同时切出许多面条，方便多了。不过这是后话了。至于后来孔明率领蜀军伐魏时，有一种到今天仍是个谜的“木牛流马”，无动力的仿牛马的运输工具，其实就是这位黄大小姐所设计的呢。

选个日子，孔明由崔州平陪伴去黄家拜访。小两口当天聊了几句，孔明相当恭谨，黄绶倒不讳言。孔明说道：“隆中的寒舍相当鄙陋。”“奴家什么地方都住得惯。”如此简单的对答算是求婚与定情。

就在孔明将黄绶迎娶进隆中家里时，天下都专注在北方的曹操与袁绍的天下霸主 PK 战。一方是拥有幽州、青州、冀州和并州的名门之后袁绍，一方是挟天子以令诸侯的枭雄曹操。这场关键对决从“官渡之战”开始，这是一场非常精彩的攻防战，我们之后再另辟一个篇章，来聊聊诗人曹操与枭雄曹操的经营术。

就在天下屏息观望两雄对决之际，曹操却突然攻击蛰居在一隅的刘备。

第五爻 · 九五　嘉遁，贞吉。

嘉，美也。九五居于外，得位居中，“遁而得正”。六二正应，从五之命，不敢违拒，“率正其志”。“不恶而严，得正之吉”，遁之嘉也。九五阳刚中正，去二阴为益远，同时所应的六二也柔顺中正，如此即是所谓“遁之嘉美者”。

九五以刚中正，与时偕行，虽与六二有应，或暂止而与之相合，或远遁而与之相离，两者都是以中正之道当是评断的原则，没有私系之失，故曰“贞吉”。

曹操积极准备官渡防线，他也算准袁绍“外宽内忌、谋而不决”的优柔个性，所以一个回马枪击破正在沛县的刘备，这位当时被称为“左将军”的刘备，在“煮酒论英雄”时，就已经被曹操锁定为潜在竞争对手，所以先下手拔除眼中钉。

结果，刘备惨败到“弃众而逃”，防守在下邳的关羽也顶不住曹操的猛攻，终于“降汉不降曹”，寄身在曹操阵营。仓皇之间，刘备的妻子沦为曹操的俘虏，这是五年来第三次，狼狈的刘备总是在逃难时把夫人“丢包”闪人。三次？他被质疑这样的次数也太多了吧！可是，已经在观察刘备动态的孔明，他的理解不同于别人：败走时，故意留下人质的刘备，必然被敌人轻视，也就不会深追。如此可以某种程度地避免军队严重受损，因为对立的敌手握有重要人质，会对脱逃的对象产生一种微妙的联系作用，而逃离者则多争取到了宝贵的喘息时间。这是逃难刘备的《遁》卦哲理，也是二十岁孔明的观察与理解。

官渡之战前哨战“白马战役”，关羽帮曹操打头阵，斩了颜良立下战功，回报了曹操的礼遇。关羽逃出曹操阵营，带领着两位嫂子“千里走单骑”，最终在袁绍阵营找寻到刘备。接着刘备借机率领弟兄们离开了袁绍阵营，投奔到荆州，刘表在“新野”设地迎接刘备的人马。

新野，属南阳郡，位于襄阳东北约五十公里，正是湍水与淯水的汇流处，此水南流到了襄阳一带注入汉水。一旦北方敌人攻入荆州，新野便是襄阳的防卫据点，所以算是当时的军事要冲。

刘备在新野一待就是六年，这六年时间里，东吴的孙策被仇家暗杀，大乔成了寡妇，弟弟孙权接手当家，孔明的大哥诸葛瑾也投入孙权阵营。至于歼灭袁绍后的曹操，已经清理战场完毕，快要全面接收袁绍的势力范围了，整个北方即将完全落入曹操的掌控。刘备有名的“髀肉之叹”发生在这个时候，髀肉，就是大腿内侧的肉，经常骑马的话，这里的肉就长不出来。要是这部分长出很多肉，那就代表无法长时间骑在马上。有此之叹，代表没有战争可打，将军没有战场的意思。简单地说，就是刘备感叹“没有建立像样的功业”，如今仍客寄他人篱下。

这几年曹操与袁氏家族在北方争战期间，南方无战事，荆州成了无风地带。可是曹操完成北伐只是时间的问题而已，六年过去了，这意味着荆州平静无波的日子即将结束。而刘表已经衰老多病，无法精准思考事情，加上个性缺乏判断力，内心时常动摇。

可是，危机意识不断提升的刘备，他清楚得很：曹操要来了！但是他却无计可施，坐困愁城，过去二十多年的争战纪录，他确实太孤寂了，仅有义结金兰的关羽、张飞和赵云等武将是不够的，需要积极延揽有智谋之士辅佐他，打开困局，远离新野，进而谋建“功业”。

刘备拜访了水镜先生，请他推荐人才，司马徽说：“卧龙、凤雏，两者得一，可平天下。”这几年来，徐庶已经见过几次刘备了，刘备说：“我这里要人才。”徐庶回答：“诸葛孔明！”接着说：“孔明是卧龙，现在正睡着。”“那要睡到什么时候？”刘备兴致盎然地问着。

“他正在等待云起，云起时，他当会升天。”刘备听完，眺望着襄阳城外映着晚霞的浮云，心想该是会见这位数年来，久闻才名的诸葛孔明的时候了。

䷠

第六爻、上九　肥遁，无不利。

肥，就是蜚，古字相似“飞”的意思。肥遁，就是说遁退飞快，已经远到九霄云外。上九以刚阳超乎六爻之上，身处卦外，无应于内，超然绝志，心无疑顾，“忧患不能累，矰缴不能及”，故曰“肥遁，无不利”。矰，矢名也；缴，生丝缕也。矰缴，结缴于矢，将丝线绑在箭矢尾，然后射出。

四十七岁的刘备要去隆中拜访二十七岁的诸葛孔明了。

我喜欢强调这个年纪的高差度，一位是正达熟度完整的年纪，一位是仍有青涩未脱的稚气，这两个不同世代的历史人物即将碰撞，所激出的火花，确实精彩可期！在暗处观察世局多年的孔明，身处卦外。在新野等待新局面的刘备，身处战外。两位即将离开他们身处的黑暗角落，站在历史的最亮处。

故事的后面，就是著名的“赤壁之战”，因为诸葛孔明瓦解了曹操统一中国的企图，出现了“三国”格局。东汉王朝末年，“鼎三分”的特殊局面，成了历史上最惊心动魄的一页。有趣的是，这个格局早在诸葛孔明高卧隆中，尚未出仕前即已拟就完成，后来的事，只不过是照表操课，顺着剧本演下去。遁退在阴暗角落的孔明，精熟时势，洞烛机先，这个大智慧真是惊人。

三次造访诸葛草庐，以“三顾之礼”才见着孔明的刘备，听完了孔明的“隆中对”分析后，他太清楚了，眼前这位自比管仲的诸葛孔明，大可选择其他高明的主君，但他却选择了自己这一位蒙尘流浪的亡命将军。刘备表达万分感激后，又慎重地附加一句：

“我会竭尽所能成为桓公！”

三国鼎立的历史格局，是诸葛孔明自己构图擘画的。七擒七纵孟获、六出祁山北伐中原，是他尽力完成他对刘备遗志的责任，以“鞠躬尽瘁，死而后已”当是人生舞台落幕后的身影。在成都的孔明庙“武侯祠”大门有副对联：“一诗二表三分鼎，万古千秋五丈原”，二表，指的是《前出师表》和《后出师表》；三分鼎，即是魏蜀吴三国争霸；五丈原，则是孔明最后一次北伐，他的魂断之地。至于“一诗”指的是什么呢?

大梦谁先觉，平生我自知。
草堂春睡足，窗外日迟迟。

孔明这一首诗写在隆中高卧时，年轻的快乐学习时光，聪明地沉潜的时候。诗中大梦是他的《遁》卦，他用“睡”，来表示自己的“遁”，淡泊与致远，睡觉的龙，有所不为的龙，等待云起的龙。日迟迟地来，但，终究是来了。

要上工啰！孔明离开隆中，他结束了《遁》道暗处的角落，凝视远方的眼神炯炯发亮。历史大戏赤壁之战要登场了，二十八岁初出茅庐的孔明要面对另一位五十四岁的大英雄曹操了。

曹操

对酒当歌，人生几何？

坤

乾

泰

上六　城复于隍，勿用师；自邑告命，贞吝。

六五　帝乙归妹，以祉元吉。

六四　翩翩，不富以其邻，不戒以孚。

九三　无平不陂，无往不复；艰贞无咎，勿恤其孚，于食有福。

九二　包荒，用冯河，不遐遗；朋亡，得尚于中行。

初九　拔茅茹，以其汇，征吉。

浪漫与撞击，性格反差的曹操

多一些想象力，你可以对应出两种反差的风韵念头，有趣，像是挤身在斗室，你可以说这是“屋矮不碍云”，然后在脑子里填上纵横千里的无限遐想，当心宽了，道路也就宽了。

一个星期日的下午，在市立图书馆门口被一场书法展的海报吸引。剩一个小时就要撤展了，我把预定的事情暂时搁置，沉静地浏览墨韵的曲折与挥洒，有些墨迹的脚印深深潜藏，有些笔迹的表情伤痕斑斑。我很高兴没有错过这次展出，近年来很少看到在不同的书法形式中，有几层如此别样的云霭。我慢慢地在挂轴之间移动，一对隶书的长联字帖，让我瞿然停下脚步……

> 沧海日、赤城霞、峨眉雪、巫峡云、洞庭月、彭蠡烟、潇湘雨、武夷峰、庐山瀑布，合宇宙奇观，绘吾斋壁；
>
> 少陵诗、摩诘画、左传文、马迁史、薛涛笺、右军帖、南华经、相如赋、屈子离骚，收古今绝艺，置我山窗。

上联历数湖海山水的胜迹，下联写尽以往名家之著述。后来我知道这篇文意纵横，气势磅礴的原文，来自清代乾隆年间的著名书法家、篆刻家邓石如。他自称其书斋为“铁砚山房”，地点坐落在安徽的大龙山下，依山傍水。今天这位晚年贫病交加的邓石如，他所飞纵壮阔，气势不凡的联句，由当天巧识的书法家，写出并垂挂在我的局促书房的红砖墙上，成了收藏。我喜欢这些字句，因为它们可以帮我对应出两种反差的风韵念头，陋室与千里，蜗居与放达。

《从〈易经〉看诗人曹操与枭雄曹操的创业经营术》这场历史讲座里所探讨的，也是如此左右极端反差的性格人物，他的温柔与血腥，浪漫与撞击，苍凉与霸气。

英雄还是枭雄？重新认识本来面目的曹操

我想，要撰写曹操斯人斯事，应该先帮他平反罗贯中笔下《三国演义》的被抹黑的形象。纯就文学创作的观点，罗贯中想象力的丰富，令人赞叹。但是以历史角度，许多人物的真实性被他害惨了。在评剧的脸谱，曹操的造型非常独特：死灰色的大白脸，细长的小眼睛和柳叶眉，然后在眼角与鼻角处勾画着黑线条，流露出十足的阴险嘴脸。一个创作者的“笔尖”，杀伤力竟然如此巨大。

不禁让我想起“子路三问”的故事：子路到了中年才拜孔子为师，两人才相差九岁，一身老门槛的老伯伯，与孔子其他门生显得差异颇大。一次，子路跟随孔子和同学们登山郊游，休息之际，孔子命其到溪边取水，不料草丛间有只老虎，背向着他，子路趁老虎尚未发现他，便一个箭步，一手逮住尾巴，一手抡拳猛击老虎头，本来就是勇士的子路竟然空拳击毙老虎。他用碎石割取虎尾，藏入怀中，面有喜色地问孔子：“士杀虎如之何？”孔子认真地回答："上士杀虎持虎头。"面对面猛击虎头；子路又问："中士杀虎如之何？"子曰："中士杀虎持虎耳。"抓住耳朵再击杀；子路三问："下士杀虎如之何？"子曰："下士杀虎持虎尾。"子路取出虎尾弃之地上。

心中愤愤不平的子路想着，夫子知道水边有虎，还让我去取水 根本就是要置我于死地，于是怀中藏着一块盘石，又向孔子问道："士杀人如之何？"孔子还是正正经经地一样分上中下回答了三次："上士杀人用笔尖。""中士杀人用舌尖。"作家把你写死，名嘴把你骂死，至于下士杀人嘛……"在怀里藏有石头。"子路最终知道老师不是羞辱他，也不是谋害他，他只是回答出人心常态的三个层次。自此子路对老师多了更多的景仰。

被罗贯中"笔尖"写惨了的曹操，从此他的脸谱被"抹白"，人格被"抹黑"了千年。所以，还曹操一个本来面目，在论述他的诗人与枭雄的个性前，显得必要，而且公平。诸葛孔明曾经表示："曹操智计殊绝于人，其用兵神奇，有如被称为兵学双圣的孙武与吴起。"既然最主要的对手都如此肯定了，我们更有理由结论：历史中的曹操不但是乱世争霸的大赢家，也是个优秀的军事家，政治家及兵学理论家。他还是一位伟大的诗人，他所引发建构的建安文风，对日后文学的发展有着重要影响。

从四则杨修的故事，端看曹操的阳光与阴暗

曹操的个性有阳光面，也有阴暗面，他的本性隐藏着强烈的不安全感，常常因为控制不了自己的情绪，露出猜忌、阴刻、残暴。

说说杨修这位才思敏捷的丞相主簿吧，主簿是东汉时期的文官，他是丞相府的文胆，也是曹植的死党，在曹操征马超时因“鸡肋”事件，被曹操以扰乱军心定罪而处斩。杨修在《世说新语》留下几则才华出众的故事都跟曹操有关，我们可以从这个角度认识阴暗面的曹操。

曹操的丞相府大兴土木造了一座花园，竣工后，曹操前去观看，没说什么，只在园门上写了个“活”字就离开了。众人都不理解，只有杨修很清楚，他说：“门内添个活字，也是阔的意思。丞相嫌园门阔啊！”于是工匠连忙将园门改小，又请曹操来评鉴。曹操看了大喜，工匠说这是杨修的主意。曹操嘴上说好，心里却不舒服。

又一日，塞北送来一盒酪酥。曹操在盒子上写了“一合酥”三字，放在桌上就离去。杨修看了那三字，径自就与大家分着吃了。曹操问他为什么这么做，杨修回答：“一合，就是一人一口，盒子上明明写着你让大家把酥分了吃，大家怎敢违背丞相的命令？”曹操大笑，心里却越来越讨厌起杨修来。

杨修随从曹操军队出征，路过“曹娥碑”，碑的背面题作：“黄绢幼妇，外孙齑臼”八字，曹操问杨修：“解不？”答曰：“解！”

曹操说:“卿未可言，待我思之。”你不可说，等我想想。过了三十里路，曹操推演出来了。原来“黄绢，色丝也，于字为绝；幼妇，少女也，于字为妙；外孙，女子也，于字为好；齑臼，受辛也，于字为辞；所谓“绝妙好辞”也。”曹操叹曰:“我才不及卿，乃觉三十里。”文章里，没有提到曹操的感受，但猜想他的内心肯定是：恨啊！

有一次，曹操带兵失利，进退失据，正在犹豫不决。军士进来问夜间号令，曹操见桌上饭碗中有鸡肋，便说:“就鸡肋吧！”命令传了下去。杨修听了，开始收拾行装。有人问他原因，他回说:“鸡肋，食之则无所得，弃之则如可惜。丞相已经决定撤兵！”于是大家也开始收拾行装。曹操闻讯，叫来杨修问话，杨修再把鸡肋的意思说了一遍。曹操听了大怒道:“你岂敢扰乱军心！”便借机将杨修杀了，死后，曹操却厚葬了他。有点恃才傲物的杨修，现代的话语叫做“白目”，死时才三十四岁。

“老牛舐犊”的成语发生在后续。杨修的死，老父杨彪悲痛万分，一天曹操遇见他，问道:“老先生为何瘦得这么多？”杨彪回答:“惭愧我没有金日磾那样的先见之明，终究还怀有老牛舔舐小牛那样的爱子之情啊！”曹操听了很感动，过了不久，封杨彪为侯。感动？我想他应该隐约也有羞愧吧！这就是曹操矛盾的个性分歧。此成语也作“舐犊情深”，比喻长辈对晚辈无限关爱。

超级魅力熟男，深受美女青睐的曹操

曹操个子不高，身高一五五公分，所以说他“长得矮胖，甚至古锥”都不为过。但是他以超人的热情和丰富的行动力，加上散发出天生的强烈个人魅力。结果一：不仅男人喜欢他，不少美女对此熟男也青睐有加。结果二：在“极度理性的自我要求”之下，他常作出雄才大略、宽容开明的行为与决策。结果二，在官渡之战谈论，先说说美女们吧。

关于三国的几位美女，蔡文姬、洛神甄妃、二乔还真跟他都扯上边呢。

蔡文姬为蔡邕的女儿，博学有才，通音律。蔡邕，东汉末年名士，与曹操私交甚笃，尤擅书法，“飞白书”就是他所创。所谓“飞白”，就是笔画中留有拖丝或留白的现象，产生飞动之感，故得名。蔡邕的书法传到崔瑗及女儿蔡文姬手中，蔡文姬又传之钟繇、钟繇再传之卫夫人，卫夫人最后传到了王羲之。这是书法史精彩的传承与衍生。

杜牧《赤壁》诗中称：“东风不与周郎便，铜雀春深锁二乔。”说的是如果赤壁之战没有了那阵东风，硬是烧了曹操的连环船，恐怕赢家输家就要逆转了，而那美丽的大乔、小乔就要被送到邺建都漳河畔的铜雀台。战争与美女，本来就是诗人最喜欢的素材，希腊诗人荷马笔下的特洛伊战争，不也是争夺美女海伦，加上木马屠城的情节，成了不朽的史诗。后世有人形容这场战争为“使千艘战舰齐发的容貌，海伦的美引发了特洛伊战争。”真不晓得，如果曹操掠得二乔凯旋，后世诗人要如何落笔？

不管如何，还是要把二乔的身世梳理一下。《三国志》的陈寿说：“乔公两女，皆国色也。”孙策回江东恢复祖业，在周瑜的协助下，一举攻克皖城。而乔公和他的两位国色天香的女儿当时正住在皖城东郊。孙策慕名前来求亲，周瑜和他一道前来。于是便有了孙策纳大乔、周瑜纳小乔的韵事。一对姐妹花，同时嫁给两位天下英杰，一个是雄略过人、威震江东的“孙郎”，一个是风流倜傥、文武双全的“周郎”。所谓“郎”，含有年轻又有威势的美男子之意味。

不过，婚礼后，孙策倒是跟周瑜说道：“乔公二女虽然光彩照人，不过，得到我们两个人做女婿，也算快慰了吧！”哇！好一句“雄姿英发”的话语。

传闻曹操当年虎视江南，发动赤壁之战，其实也是为了二乔。曹操发誓说：“一愿扫平四海，以成帝业；二愿得江东二乔，置之铜雀台，以乐晚年，虽死无憾！”这句话则是罗贯中在《三国演义》里编写的，不是曹操本人说的。但是，稗官野史的八卦新闻，还是有一些缘由的。二乔的父亲乔羽，本来是任城之相，后因董卓之乱而隐居于庐江郡的皖县。二乔的祖父乔玄与曹操，则是相差四十六岁的忘年之交，两人有一段机缘：曹操十五岁时，六十一岁的乔玄看到他的相貌竟然对他说：“天下即将陷于纷乱，非命世之才不足以拨乱反正，此后能帮助百姓有和乐安泰生活的，必定像你这种人吧！”

后来，曾任东汉大鸿胪、司空、司徒、太尉等三公职的乔玄，还以自己已经年迈，恐不久于人世，要求年轻的曹操日后多多照顾他的妻儿。谦俭下士的乔玄享年七十五岁，卒时，家无居业，丧无所殡，当时百姓都称颂其懿德。

据说，年老的乔玄还对曹操说："徂没之后，路有经由，不以斗酒只鸡过相沃酹，车过三步，腹痛勿怨。"我死后，你若有机会来到我墓地附近，务必要到我的坟墓倒上一杯酒，献上一只鸡，否则你肚子痛，到时不要怪我。多舒畅的话语啊！二〇〇年春天，官渡之战前夕，四十六岁的曹操正好驻军谯县，他便亲赴乔玄故乡睢阳，撰文一篇，拜祭老朋友。所以，"好好照顾二乔！"曹操虽没说，但大家都猜他一定想过，罗贯中只不过帮他讲了出来。

与袁术的匡亭之战，胜利的第一声号角

如果把枭雄曹操创建魏国的过程分成六个时期，其中几个阶段性的关键，大致如下：第一期黄巾之乱、第二期董卓之乱、第三期与袁术的匡亭之战、第四期与袁绍的官渡之战、第五期与孔明的赤壁之战、第六期三国分鼎而立。

先说说"第三期与袁术的匡亭之战"：董卓遇刺后，关东军团与朝廷关系的对立状态解除，但是关东军团分裂成袁绍阵营与袁术阵营，袁绍与袁术，这两人是"同父亲的堂兄弟"，关系有点复

杂，基本上袁术是个名门至上主义者，他不满异母庶子袁绍过继到伯父家中后，竟成了袁氏家族的正统继承者，自己是血统高贵的嫡子，结果在家族的地位居然落在这位庶子之下，袁术的怨恨可想而知。从内心的不平衡，到结怨、严重交恶进而演变成宿仇，这是标准的“至亲成了至仇”的范例。这时，曹操在群雄之中算是介于 B 咖与 C 咖之间，他表面附属于袁绍阵营旗帜下，私下与长安的汉皇室常有来往。

谋士毛玠建议：“今后的策略，可以奉天子以令不臣，修耕植以蓄军资，如此，则霸王之业可成。”曹操虽没立刻实施，但往后十几年的大政略，便是“奉戴天子”和“屯田养兵”。一九二年，孔明十二岁，父亲刚死；曹操取得兖州的支配权，收编了三十万的青州军；日后对建安文风有重要影响的曹植，也在这年诞生。对曹操的个人事业来说，这真是丰收的一年。

树大了就开始招风，A 咖袁术北上转往兖州，意图侵入刚升等为 B 咖的曹操地盘，并且联络其他打手夹击曹操。袁术派出刘详先锋部队向曹操进逼，可是刘详深刻了解曹操的作战能力，到了濮水南岸的匡亭，便因畏怯，扎营不前。曹操分析袁术阵营准备三面夹击甄城（曹操主力部队屯驻地），他眼疾手快地看出袁术布局的弱点：刘详虽摆出诱战姿态，但选择匡亭实在是个大大的错误。因为，曹操的部队只要渡过濮水，便可攻击匡亭，可是远在陈留的袁术主力部队如果要救援，就要连着渡过睢水、汴水、南济河、北济河，要知道以前的人渡河是件麻烦的工作，更何况连着四条大川。

曹操决定奇袭匡亭。他亲自率领骑兵队迅速渡过濮水，以迅雷不及掩耳之势，一气呵成地歼灭刘详，接着在匡亭就地布阵，悄声静待袁术主力部队的到来。搞不清楚状况的袁术还在慢慢渡河，当大军渡过第四条北济河之时，曹操又发动奇袭，人数远超过曹军的袁术，发现自己犯下严重错误时已无心恋战，仓促撤退，可是曹操如影随形地大追击，袁术已经无法判断曹军到底有多少人，也不想搞清楚，反正信心尽失，他一路往南狂逃。逃出了兖州，连着越过了亲附自己的豫州，直奔老巢扬州，袁术被曹军追击的狂飙速度吓坏了，急忙渡过长江，躲进他的九江城，才稳住三魂七魄。

大追击，长达四个多月，曹操一路如疾风般地“尾随”了六百里，其实也很辛苦，他知道不能让袁术有冷静下来思考的机会，这是心理战，他要彻底击垮的是袁军士气，整个行动要像影子般贴着袁术，不能离太远，又不能靠得太近。由于曹军火速地追赶，有一次，整天整夜滴水不沾，那一天全程找不到水源取水饮用，天气又热得出奇，全军几乎快渴死了。在前头打气的曹操，面对速度渐缓的情形，灵机一动，高举马鞭遥指前方，大声喊道：“前有大梅林，饶子，甘酸可以解渴。”饶：多，丰富。听说有梅子解渴，全军欢声雷动，一时大家口舌生津，精神大振。这就是“望梅止渴”的故事，而曹操的这次胜战，举世震惊，他已升级列入 A 咖的英雄豪杰行列。

在易经有一卦《泰》，说的是“大业初成，一片鼎盛”的道理，理的是“否极泰来”“苦尽甘来”的论述。《泰》卦六爻说的是通泰之时，阴者衰而往，阳者盛而来。君子处在事物“通泰昌盛”之时，上下伦常之分，依然保持不逾越的一条线。但上下的心，可交可通可超越，心交而志同，则人和安泰，事业可成。在《泰》的理解中，看到曹操一步步迈向成功，他在事业扯着顺风帆时，没有静下来享受安逸，反而持续居安思危，从受挫中学到教训，从得意中继续有攻有守。

从《易经·泰卦》看四十五岁的曹操，如何以寡击众赢得官渡之战

坤

乾

上六　城复于隍，勿用师，自邑告命，贞吝。
六五　帝乙归妹，以祉元吉。
六四　翩翩，不富以其邻，不戒以孚。
九三　无平不陂，无往不复；艰贞无咎，勿恤其孚，于食有福。
九二　包荒，用冯河，不遐遗；朋亡，得尚于中行。
初九　拔茅茹，以其汇，征吉。

《泰》卦，上卦坤地，下卦乾天，卦象就是天居地下，地气浊往下，天气轻往上，两气上下交合，犹如天地，阴阳、上下交通融合，喻示“通泰”的情况，全卦阐明：只有上下交应，阴阳相融，才能导致事物通泰、和美昌盛的规律。

第一爻 · 初九　拔茅茹，以其汇，征吉。

茅，就是茅草；茹，相连的草根；汇，同类也；征，往前向上，有奋发前进的意思。

初九以刚居阳，上有六四正应，志在上往。与九二、九三同类，三阳同升，所以有“拔茅汇征”之象。简单地解释“拔茅茹，以其汇”，就是说拔茅草时，连根而起，比喻同类相牵引。所以，初九君子处泰之初，其上往必与其同道相牵引，齐进则吉。

得意真的会让人忘形。击败了袁术后，曹操挥军东征徐州，他扬言要报四年前的“杀父之仇”，小算盘是徐州这块鱼米之乡要攫而落袋。关于曹操父亲在徐州被劫杀的事件，徐州牧陶谦其实有苦难言，当年曹操父亲曹嵩躲避东汉朝廷丞相董卓通缉，从洛阳奔到了徐州，打算落户藏身，陶谦不敢收留朝廷通缉犯，只能将他驱逐出境，离境时，陶谦好心派部将张门护送，不料曹嵩逃亡时依然“高调地”带着他的万贯家产，一路浩浩荡荡的车队多达百辆，结果“眼红了，心就黑了”的张门谋财害命，杀了曹嵩后逃遁无踪，这笔账就落在陶谦头上。

曹操杀进徐州，在一些郡县进行大规模屠杀，不留下一个活口，大地焦黑而且猩红，这一幕地狱，十四岁的少年孔明路过徐州时看到了，年轻的心灵当时种下了与曹操划清界限的念头。正当曹操准备彻底击溃陶谦，占领徐州之际，在兖州的曹操自家后院，许多亲信造反了，众人有不同的理由背叛：有厌恶曹操残忍的、有不齿曹操好色的、有觊觎曹操地盘的、有眼红曹操成功的……其中包含曹操的少年好友张邈、无家可归的猛将吕布、厌恶曹操渔色别人美妻的陈宫……曹操回奔兖州灭火，结果，历尽千辛万苦，历时一年多，付出相当代价才把这次的叛变弭平，过程中的曹操体会到两个教训：

其一，打天下不能只靠武力，政治比军事更重要，只会打仗不懂治理，就会如同武书《六韬》所言：“百战百胜，其国必亡。”其二，粮食很重要，光有部队和武器，没有粮食就会一事无成。有了这些教训，曹操更成熟了，他陆续获得豫州、徐州，也开始进行“奉戴天子”，曹操奉迎献帝，迁都许昌。他挟天子以令诸侯的策略，这种“旗正飘飘”的道德包装加上他个人的超级魅力，许多谋士和猛将都投靠过来，尽为他所用。首席军师荀彧曾说：“拥护皇帝顺从民望，此乃大顺！秉持天下公道以收服豪杰，此乃大略！坚守大义招致人才，此乃大德！”

至于，要作战就要有粮草，他开始努力实施“屯田养兵”政策，几年后的生聚实力累积，曹操感觉他可以抗衡当时的头号劲敌——袁绍。二〇〇年，建安五年，曹操即将面对有生以来最惊骇的冒险，也是最严厉的挑战，那就是决定天下大势的世纪大对决：官渡之战！

第二爻·九二　包荒，用冯河，不遐遗；朋亡，得尚于中行。

包荒，包容广大，人才有不及者，依然容之；冯河，指勇敢过头者。“用冯河”，就是说这些鲁莽之徒亦取用之。遐，就是远；遗，失去；亡，就是无。

九二以刚居阴位，上应六五，有刚柔相济且与君王合德，招引同类而且有道，更得有尚乎“中行”之君。不遗遐远，“朋亡”又不私昵朋党，这正是合于中道的行为。初九的上往，汇其类族，这是因为他是在下位的贤者。至于九二的“朋亡”，那是因为他的职责所在：是进退天下之贤与不肖，不能因为独私朋党而害了贤者的进用之路，这是大公无私的志节。

袁绍长得高大英俊，威武雄壮，《三国志》陈寿说：“有姿貌威容”。他在东汉末年重视外表的上流社会，显得吃香。更何况袁绍家族从高祖父开始，袁家后代有多人出任三公之职，世人以“四世三公”形容袁氏家族的权势，所以袁绍的家世背景又拥有社会期待。一九九年，建安四年，袁绍军灭了辽东的公孙瓒，大败青州的田楷。至此，袁绍拥有冀州、幽州、并州和青州，成了那个年代的首席雄主。

另一方面，曹操也先后多次击败吕布、张绣、袁术。吕布被擒时，曹操问当时身为客卿的刘备怎么办？刘备回答说看看吕布以前老板们的旧事，吕布终于被斩报销！至于称帝于寿春的袁术，后来在逃离曹操拘捕时，咯血而亡。张绣则是第二次投降了曹操。这个阶段的曹操，对手只剩下袁绍！

这个情形，好像NBA的东区、西区冠军分别产生之后，两边势必一战，争取最后的总冠军。一九九年，建安四年，曹操四十五岁，袁绍也是四十五岁，两位童年玩伴，终要一决胜负了。

先说说袁绍阵营，位于黄河以北，我们称之“北军团”。这时的北军团内部正为了鹰、鸽之争伤脑筋，对于南下的“灭曹”军事行动，鸽派说慎重行事，鹰派说积极发动。两派各执己见，彼此之间的裂隙隐然扩大。

至于曹操阵营，位于黄河以南，我们称之“南军团”。因为，北军团鹰派最终争取到袁绍的支持，最后拍板决定：要发动人数众多的大攻击！这时在许都的曹操军事会议上，南军团与会的人脸色凝重，只有曹操自己一派轻松：“袁绍？这家伙，我太熟了！他外宽内忌，好谋无决，有才而不能用，闻善而不能纳。”讲这些话，如同夜间吹口哨——自我壮胆，其实安抚众人的意义比较大，曹操接着说：“我们先来选择主战场吧！”反正避免不了，干脆主动规划对自己有利的战场吧！

夏天，当北军团还在调兵遣将之际，曹操已经亲自领军北上，渡过黄河，先控制孟津这个黄河重要渡口，接着进驻黎阳城布阵，这是诱饵！吸引北军团前来吞下，因为曹操希望的主战场就在附近，他同时占领黄河另一个重要的白马津渡口。至于东方防线，由臧霸率军进入青州，黄河北岸防线则由谋略见称的名将于禁驻屯，于禁把部队打散，藏觅在荒林野泽四处，准备进行游击战。

秋天，曹操大军屯守在司隶区与兖州交界的“官渡”，官渡是一个渡口，北方有官渡水屏障，对守方有利，渡口地区宽广平坦，对曹操最擅长的骑兵作战更是有利，这是南军团希望的主战场。想想，直线的两端各有一个点，北边的点是“黎阳”，南边的点则是“官渡”，因为曹操有了匡亭之战的经验，他假设袁绍北军团的行军路径：如果北军团吞下“黎阳”这个饵，那从黎阳到官渡的直线就会成立。而这条直线一路上有黄河、沟水、北渡水、官渡水和渠水，这样会大大增加北军团进攻时的难度，大军行进不易，补给线拉长风险提高。南军团以少抗众，以弱击强，自然多了些胜算。

以上，这是曹操的如意算盘。但是，袁绍的北军团会被引诱而来吗？

第三爻·九三　无平不陂，无往不复；艰贞无咎，勿恤其孚，于食有福。

陂，不平的样子；恤，担忧；孚，诚信。九三处在乾体之终，也是三阳的最上端，在天地的交界处，乃是“泰”最盛的地方。

盛极则衰，泰极否来，这是不可改变的天道循环，九三既然是最盛之处，所以往后自然是走下坡。所以有“无平不陂，无往不复”之戒，就是说，天下没有常安而不险陂的，从这里开始要进入三阴，也没有常往而不反复的。

九三处在泰的盛处，应该知道艰难而守护贞正之德，这样才可以常保其泰而无咎。如果真能如此的话，那九三自然不必忧虑天道循环，只要坚守正德，食禄之事自有福庆。天道无情而我无忧，这就是大自然的道理！

从对抗黄巾贼开始，过去的战役，曹操都亲自上马指挥作战，成天南征北讨。所以南军团拥有不少独当一面的运筹帷幄的幕僚谋士，相对的，能有此独立作战能耐的将帅就少了。还好，后来所吸收的降将中有许多智将型的英雄，像是张辽、徐晃、张绣还有关羽，咦？关羽？没错，曹操在布置官渡防线前，利用空当时间突袭了在徐州沛县的刘备，理由是“刘备乃人中豪杰，今不击之，日后必成大患。”刘备惨败，丢下两位夫人投靠了袁绍。义结金兰的关羽被围困时，最后以“我是投降于汉皇帝，并非投降曹操你”的条件，羁留在南军团，当了一名打工将军。

另一方面，袁绍虽然兵多将广，但是内部问题重重。首任的总参谋长沮授，因为立场与鹰派将领不同，被斗去职。第二任的田丰更与袁绍产生摩擦，不仅被黜，甚至遭到监禁。袁绍不再指派他人担任总参谋长，干脆他自己干，好像公司的总裁兼任跑业务的主管，里面会有许多盲点。袁绍任命猛将颜良、文丑率领前锋部队，可惜此两人神勇有余但是谋略不足，袁绍自己种下了第一个败因。

第二个败因，袁绍任命长子袁谭率领青州军团，可是袁谭的能力有问题，根本无法对抗曹操东方防线的臧霸，处理游击攻势更显得处处受制。至于担任并州军团的指挥官则为袁绍的外甥高干，高干能力不差，但是在南军团魏种与曹仁的抵抗下，无法发挥他的作战能力，这是后话。而率领超过十万主力大军的袁绍，自认所向无敌，看到曹军兵力单薄，更是没有危机意识，他选择了比较接近进攻许都主战线的延津，为初步接触的第一个战场。

北军团南下，先夺下黎阳城当是指挥中心，果然吞下第一个诱饵。袁绍派军准备过河，第一道河川就是黄河，这一段主战线从东到西有三个渡河口：白马津、延津、杜氏津。春天刚开始，袁绍亲自率军攻打黄河北岸延津附近的曹军，于禁兵力虽然少，但他熟悉地形，藏身在荒林野泽的“小蜜蜂部队”，采取调度极快的游击战，躲开袁绍主力部队，以疾风般的速度叮咬突袭外环部队，几天下来，北军团被火烧了二十几座营区，也被掳走了十几位将领，问题是，庞大如恐龙的主力军团，行动迟缓，根本找不到敌人。

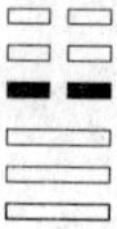

第四爻・六四　翩翩，不富以其邻，不戒以孚。

翩翩，群鸟徐徐往下飞翔的样子；六四下应于初九，所以上卦三阴有同时翩翩下降的样子；不富，指的是六四，根据《易经》的惯例，阳实阴虚，所以阳富，阴不富。富，古字为家里有酒食；不富，在这里有“谦虚不自满”的意思。

六四处在上下两卦之交，乃天地、君臣交泰之爻，所以在上者以谦虚接乎下，在下者以刚直事乎上。三阴正应在下，皆低身往下求得阳的相应。因为六四翩翩飞翔徐下，六五、上六也顺势跟着“谦虚不自满”的六四，三阴下应三阳。

袁绍为了避免影响军威与士气，把不好惹的于禁晾在一旁，他改从东边的白马津渡河，渡河后，进而包围在黄河边由刘延驻守的白马城，并且命令先锋大将颜良指挥攻城。南军团的刘延面对骁勇的颜良只能加强防御工事，以箭雨和落石坚守城池，同时向曹操紧急求救。

曹操收到前线十万火急的战况，决定相应救援刘延，他采取了总参谋长荀攸的建议，以声东击西战术，大张旗鼓地佯装自己率领大军准备渡过延津，目标北军团的前哨基地——黎阳城。袁绍当然随之起舞，他根本不知曹操要诈，急急地将大军从白马津调回延津北岸布阵，自己则坐镇黎阳城，准备和渡河北上的曹军决战。

可是，曹操却偷偷率领急行骑兵队赶赴白马城，随行的有张辽和关羽。结果在城外十数里的地方，曹操一行人居然遇见亲自率领巡回部队的颜良，颜良喜欢摆派头，经常坐在插着军旗的美丽麾盖兵车上，好看，但是进退行动不便。善战勇猛的关羽马上看出颜良的弱点，一马当先，挥着大刀直奔敌军阵中，一刀，就把颜良砍死车下，身边所有的卫兵极度惊吓呆住的瞬间，关羽从容下马，割下了颜良的首级，绝尘而去。

袁绍气疯了，爱将颜良被砍杀，围攻白马城的部队被击溃，他脑充血地派出第二号猛将文丑，追击正在撤退的曹操部队。结果文丑中计，陷入曹操的埋伏，也莫名其妙地死于两军乱战之中。这下子，换上袁绍气急败坏地亲自率领大军紧追曹军，北军团不知不觉地南下赶路追击，却渐渐接近了曹操设定的官渡主战场。

官渡，曹操已经在此部署了两年，所有的防御工事近乎铜墙铁壁般坚牢。到目前为止，曹操在“正奇相生”策略上比袁绍高明多了，虽然袁绍摆出空前庞大的阵容，可是失败的阴影靠得更近了。

日本的丰臣秀吉曾说：“一个大成功的男人，一生至少要有一次去面对，必须以少胜多的重大关键。”曹操的关键时刻到了。

第五爻·六五　帝乙归妹，以祉元吉。

帝乙，就是商王，甚至指的就是商汤本人；归妹，就是嫁女儿；祉，神所降下的庆福；元，至大的意思。

六五下应于九二，所以“下下”以成其政，第一个下字是动词，屈身不自恃身份，第二个下字是名词，指的是地位卑下者。能够尊重下面的贤者，所以，得有“帝乙归妹”之吉。六五以柔中居尊，下应九二，有降其尊贵以从阳之象，喻王女下嫁贤者。此王女具有柔顺中正之德，她能屈尊事夫，进而享得福祉，这是大吉、至善的爻！

关羽深入敌境取了颜良首级，没啥知名度的他，如炸开了的火山，震动了全国。当时刘备败走他方，不知所踪，身陷曹军包围的关羽，面对曹操的劝降，最后要求“降汉不降曹”，惜才的曹操，对于关羽任何投降条件，他都同意。关羽一刀斩下颜良，这下子，曹操更得意于他自己识才的眼光了。对于关羽，曹操本来就待以殊礼，三日小宴五日大宴，上马金下马银，拜偏将军，厚遇周到。关羽斩了颜良回报曹操的厚爱，曹操更封他“汉寿亭侯”，赏赉益厚。

偏偏关羽执着得近乎顽固，尽管曹操对他如此仁至义尽，他仍积极地寻找大哥刘备的下落，确是称得上“富贵不能淫，威武不能屈”的大丈夫。台南的祀典武庙古迹三川门上，悬挂着一方历史奇匾“大丈夫”，字体苍劲大气，就是盛赞他的忠义。不久，关羽得知刘备的去处，根据《三国演义》记载：关羽在曹营“挂印封金”，所谓挂印封金，就是把曹操赠送的官印挂在营房外，黄金则原封不动分文不取。然后，两袖清风飘然而去，关羽单刀护送甘、糜两位嫂夫人往河北投奔刘备，沿路先后通过五个关隘，因为未取得曹操放行文书，行程受到曹军阻挠，迫不得已斩杀了六名曹将，这是作者罗贯中虚拟的“过五关斩六将”的故事，不过“千里寻兄”、“千里走单骑”、“夜读《春秋》”确实是官渡之战中一则感人的小插曲。

秋天，袁绍向驻守在官渡的曹操基地发动全线总攻击，一场艰苦无比的血腥拉锯战开打，敌对的两军都在战场上构筑庞大的防御工事，对峙的阵地长达数十里之远。北军团不断增援，无奈曹军的防御坚固无比，袁绍挖地道、筑高台等计谋一一落空。双方僵持了一百多天，曹操的粮秣补给日益困难，他不安地写信给后方许都留守的军师荀彧，说他打算放弃官渡，退保许都。

荀彧回信：“我们难过，敌人也不轻松。目前的战局如同刘邦与项羽对峙，当时，他们谁也不愿认输撤退，那是因为进入决战时刻，撤退的一方便会失去气势，陷入不利。”接着鼓励说道：“我们的兵力只是对方十分之一，但我方的部署和防御工事较佳，我们正紧紧地掐住袁绍的脖子，半年多以来，他们进退不得，粮食问题严重，士气衰竭。”曹公啊，你可要挺住啊！这是荀彧的内心呼唤。

“处在这种关键时刻，随时会有重大变化，这正是用奇兵取胜的好时机，请绝对不要放弃！”多激励的一封信啊！幸运拥有如此谋士的曹操，整理一下情绪，挺直了腰杆。不久，他获得北军团送过来的一个礼物！即将改变僵局的幸运礼物！

第六爻·上六　城复于隍，勿用师；自邑告命，贞吝。

上六处坤之极，泰之终也。上六与九三虽有应，但都各居二卦之极，所以有警戒之辞。复，回复也，又倒回去了；隍，环绕于城墙外无水的壕沟，“城隍”一词就是出自这里；用师，以兵力战克之。

上六处《泰》之终，将变为《否》。古时，建立城墙，先挖壕沟，再取用隍土夯实迭高以筑城。可是，久之城墙还是会倾毁，所有墙土又回复到隍沟里，这就是循环！乱久则治，治久则乱，战久则止，止久则战，相互循环，这就是天道！“勿用师，自邑告命”即是上六此时不须兴师以治乱，只要固守城邑颁行政令即可。固守正道，不要自乱阵脚，就可免除鄙吝。说的是“天道物极必反，循环如此，可见持盈保泰之不易”。

差点自乱阵脚的曹操，最终回稳了过来。

可是，不耐战局胶着的袁绍，要求参谋本部重新拟定作战计划，副参谋长许攸建议分派部队绕过官渡袭取许都。但袁绍愤怒责骂他：“你这分明是在替曹操作缓兵计嘛！”“我会很快擒住曹操给你们看！”同时，许攸得知家人出事了，原来远在北军团后方本部邺城的家人犯了法，其妻子儿女已经被他的政敌审配拘禁入狱了，案情可能牵涉到前线的他，于是许攸决定夜奔曹操。

曹操听说许攸前来投靠，光着脚从寝室跑了出来，乐得说：“子卿远来，大事成矣。”寒暄后，许攸问道：“你们军中存粮还剩多少？”“我随时都准备一年多的存粮。”曹操回答得很慎重。许攸质疑：“不可能吧？”“不过……现在只能支撑半年了。”曹操有点窘地更改信息。许攸再问：“足下不想击败袁绍吗？为何不说真话？”听了许攸率直的问话，曹操不得不说：“顶多剩一个月，刚刚确实是骗你的，你的心中雪亮，说实话，我也不知怎么办了。”许攸感谢也感动，曹操将如此重要的军事机密坦诚相告，他注视着曹操的双眼说：

“曹公孤军固守官渡，外无援军，内缺粮秣，真是不简单。现在提供给你一个制胜的情报吧！”许攸接着表示：“袁绍在乌巢存有万辆满载粮秣的辎重车，由淳于琼率军看守，但是防卫的战线需要很长，淳于琼的军队分散，守备不甚完备。以轻骑兵队突击，烧毁存粮，不用三天，袁绍必败！”

赶快开会！曹操在紧急军事会议中决定冒险一击，他即刻进行对乌巢焚粮的任务分配，少数人留下镇守官渡营寨，五千人的骑兵、步兵混合军分成许多小组，而且服饰与旗帜全部乔装成袁军，每个士兵含着筷子，古人称之“衔枚”，就是不让他们不慎发出声音，马匹也戴上口罩，趁着夜色，曹操亲自率军，五千军马便如此不声不响向东狂奔，目标四十里外的乌巢。

拂晓时刻，天色微亮，曹军突击队大部分都已抵达目的地，曹操下令在视线不清的掩护之下，包围乌巢的屯粮区，一边放火一边杀敌，一时火光冲天，天空都烧红了，来救援的袁军骑兵队看到粮草烈焰冲天，各个惊慌失措，被曹军砍杀不少，乌巢的粮秣就在风势的助长下，烧得精光，被俘的北军团士兵难过得掉下泪来。

曹操推倒了第一张骨牌，原先拥有绝对优势的袁绍，在一把火后，兵败如山倒，官渡之战他彻底失败了。要持盈保泰的关键在“忍耐力”，一位管理大师曾说：“一切成功的秘诀，全在如何自制……如果缺乏忍耐，一切的教养均属枉然。”这就是现代人最喜欢说的：“用耐力成就理想！”

落荒而逃的袁绍，留下一大堆的机密文件、信札，其中有许多来不及带走的秘密信件，是曹操阵营在胜负未明，危急交关时，许多东汉朝廷内官员，甚至有曹操自己的部属暗中给袁绍的输诚信件，这些都是通敌的致命证物。当时战况危急，许多人已经准备跳船，为未来投奔胜利者袁绍时留下门票。没想到曹操大逆转胜，如此生死攸关的证物，现在反而落入了曹操的手中。“丞相，这些信件要怎么办？”部将请示着曹操，现场一片死寂，肃静中的等待，大伙都知道接下来的内部大整肃，将会是一片可怕的腥风血雨！

一阵安静后，曹操倒是轻松地说：“烧了吧！我不要看！换是我在如此紧要关头，我也会写这样的信件，所以，烧了吧！就当作没这件事发生吧！”曹操在“极度理性的自我要求”之下，所展现的雄才大略，宽容开明，确实让他成就了非凡的结果。在兴衰相互循环的《泰》卦，他“用想象力，看见宽广视野。”

狄青

将不知古今，匹夫勇尔

艮
乾
大
畜

上九　何天之衢，亨。

六五　豮豕之牙，吉。

六四　童牛之牿，元吉。

九三　良马逐，利艰贞；日闲舆卫，利有攸往。

九二　舆说輹。

初九　有厉，利已。

重文轻武的时代，宋朝名将的寂寞与委屈

古代谚语“山东出相，山西出将”。管仲、诸葛孔明是山东人；关羽、郭子仪、白起、王翦、李广则是山西人，所以山西再出一位每战披头散发，戴铜制鬼面具，一马当先，所向披靡的狄青，大概没有人会觉得讶异。

狄青是北宋人，长得很帅、很俊秀，年轻时当了一位低阶军官，在与西夏的征战四年中，参加了大小二十五次战役，身中八箭。之后立下了累累战功，算是北宋第一名将。可是，对于只在高中时代轻轻翻阅历史课本的人们而言，狄青这个名号，在脑袋里的古人名单数据库一定陌生。所以我的讲座之一:《从〈易经〉看北宋狄青与南宋岳飞改变命运的那一本书》，就是要从南宋第一名将岳飞的历史地位，烘托出北宋第一名将狄青，因为两人一样了不起。

不管是岳飞还是狄青，他们俩都是能征惯战的好手，能拉强弓，能骑烈马，能使刀枪。但是，这样的人在军旅中也为数不少，然而，他们俩从一名勇将到智将，更跃升到为一代帅将，中间都有着神奇的生命机缘。如同勇夺女子高尔夫球世界第一的曾雅妮，她曾接受过前球后索伦斯坦的“心灵指导”一样，岳飞遇见了宗泽，狄青则遇见了范仲淹。他们的故事包涵着历史逻辑的传承系脉，更有智慧亮点与舒心萌现的启发，最终，他们虽有各自的苦涩牌坊，可是，他们遗留给历史不朽的却是“三十功名尘与土，八千里路云和月”壮怀激烈的人性光辉。

宋，这个朝代重文轻武。北宋优秀文人辈出：范仲淹、司马光、欧阳修、苏洵、苏东坡与苏辙兄弟、王安石、曾巩、柳永、黄庭坚、张载、程颐与程颢兄弟、宋庠与宋祁兄弟等，不胜枚举。他们的佳作名篇亦是中学国文教材中的常客。除了文人本身的努力与天资之外，关键是北宋这个朝代的DNA。

北宋自赵匡胤黄袍加身，九六〇年称帝起，到一一二七年徽宗、钦宗被金人俘虏的“靖康之耻”止，共有一百六十七年，建都在开封，史称“北宋”。北宋勉强算是统一了中国，结束了五代十国七十余年的分裂割据之局，却从来没有强盛过。一百多年来饱受契丹、党项、女真等外族的侵扰，历尽屈辱，最后更亡于外族。这里面有历史给予北宋的沉重负担，诸如天敌契丹人“大辽”的炽盛，燕云十六州丧失的先天不足等等缺陷，但关键还是北宋政府长期的无法振作，因为北宋的国策有问题。

北宋的“强干弱枝”国策：其一，是中央集权，使中央的各项权力如军、政、财等权都超越地方；其二，提倡文人政治，严禁武人干政。其目的在纠正五代时期武人乱国的弊病，但这是个矫枉过正的做法。麻烦的是，自赵匡胤起，北宋的历代君主一直谨慎遵行这个政策，直到灭亡于大辽。南宋依然如法炮制，理不出新的国策，直到灭于大元。

所以，宋朝的武将很寂寞，狄青也备受委屈。认识狄青，我们从民间的一则神话说起。

眉清目秀的武曲星，下凡辅佐宋仁宗

传说宋真宗赵恒，年过四十仍膝下无子，他甚是着急，到处求神拜佛，祈求上天赐子。他的诚心，终于感动了天上的玉皇上帝。一天，玉皇上帝在天庭召开群仙会议，问哪位神仙愿意下凡为真宗的儿子？当时群仙都不作声，只有赤脚大仙微微一笑，抚着自己长长的胡须。赤脚大仙为一名散仙，散仙无固定仙职，总是在四处云游为乐。

玉帝忙问："大仙可是有意前往？"大仙说："不，不，我只是笑那皇帝可怜。"玉帝说："宋室江山气数未尽，大仙可往。"大仙急忙摆手说："不成不成，宋室虽然气数未尽，但内忧外患，民不聊生，这个皇帝宝座也不好坐。"玉帝说："大仙这次尽管放心，会有人帮助你，让你坐稳江山的。"赤脚大仙无奈，只得下凡投胎，此婴儿就是未来的宋仁宗赵祯。

当时赵祯降生后，日夜啼哭不休，一直哭，一直哭，他真是历史有名的爱哭小孩，宋真宗请来许多名医都束手无策。无奈之下，宋真宗向全国贴出榜文，召天下能止啼者进宫诊治，高金悬赏能人为赵祯治病，治治爱儿的哭病吧。

当时江苏涟水承天寺内有个道行很高，人称为卧佛的和尚娄守坚，闻知后，他揭下榜文，赶到京城。他进了皇宫，接过婴儿，举手对其屁股便打，口中并念念有词道："莫叫莫叫，只怪一笑；莫哭莫哭，文有文曲，武有武曲。"意思是说，你甭叫了，只怪你当初一笑。你不要再哭了，现在有文曲星、武曲星下凡帮助你，你可以坐稳江山了。果然，赵祯不哭了。宋真宗知道了中间的因果，大喜，赐封这位娄守坚为“证因大师”。

赵祯一出生就一直大哭不止，玉皇上帝被哭得心烦，因此急派二星赶紧下界。

但是“南斗星君注生、北斗星君注死”，所有要投胎的人，都要到南斗星君处注册，并取得一个脸谱下凡。文曲、武曲二星赶到南斗星君处报到时，恰巧遇到南斗星君正与北斗星君下棋，两人甚为专注，完全无视于一旁的文曲星、武曲星的到来。

才等一会儿，文曲星已经不耐烦，就直接从南斗星君身旁装脸谱的乾坤袋，擅自掏拿了一个脸谱，往脸上一戴，匆匆下凡投胎去了。而武曲星倒是耐心地等到棋局结束，南斗星君在乾坤袋中掏了掏，打算拿个武将的脸谱给武曲星，可是袋子只剩文士脸谱，他只好请武曲星凑合着用。

这位文曲星就是包拯，历史上赫赫有名的包青天，天生黑脸，传说长得很抱歉，出生后，还被吓坏的娘给扔到水沟丢弃。而武曲星就是狄青，生得眉清目秀，像一个文弱的书生。在南征北讨中，狄青因长得面色白皙，斯文秀俊，难以服众，因此他特地做了一个凶恶鬼面具戴在脸上，增添几分煞气。

这就是包拯脸黑、狄青脸白的由来。古人的想象力真是丰富！

出生成长在辽阔宽广的黄土高原

一〇〇八年，狄青出生在汾州西河狄家村，就是现在的山西汾阳。

一〇〇八年，就是宋真宗大中祥符元年，根据《宋史》记载，那年正月“有黄帛曳左承天门南鸱尾上”，就是说，承天门的屋脊端的鸱尾，神奇地挂着象征最尊贵的黄色丝布，上面写着禅符三篇，“上召群臣拜迎于朝元殿启封，号称天书。”白话文：笃信道教的宋真宗召集群臣，跪拜在朝元殿开启黄帛，恭敬阅读，慎重地称此为“天书”。

所谓“朝元殿”，就是北宋皇宫最重要的大殿空间，国家大典都在这里举行。《宋史》记载：“祥符五年，亲祀玉皇于朝元殿。”宋真宗在此大殿亲自祭拜玉皇上帝，根据《宋史．礼志》：“上玉帝圣号曰：太上开天执符御历含真体道昊天玉皇上帝”，圣号很长，“玉皇”为简称。祥符五年，赵祯已经三岁了。梳理这些典故，就是要说明把“道教”当是国教的北宋皇帝们，他们的施政或多或少有“不问苍生问鬼神”的特质，君权包装着神权。

“天书”是狄青出生那年的“人造灵异事件”，北宋第三位皇帝宋真宗，因此大赦天下，并且把年号由“景德”改元为“大中祥符”，整个社会沸沸扬扬，宋真宗还特别到泰山举行封禅大典。当然，这件事后来大家都知道天书是伪造的，还衍生了许多政治事件。

宋真宗虽然崇尚道教，修建了不少寺庙，也干了一些糊涂事，但是在位二十五年的宋真宗，算是一位守成有得的皇帝，他的脍炙人口的《励学篇》，确实影响深远，引发多少宋人奋发上学，缔造出奕奕多彩的文学大国。

富家不用买良田，书中自有千钟粟。
安居不用架高堂，书中自有黄金屋。
取妻莫愁无良媒，书中有女颜如玉。
出门莫愁无人随，书中车马多如簇。
男儿欲遂平生志，五经勤向窗前读。

回来说说宋真宗的“景德”年号。位于江西省，专门制作瓷器的昌南镇，一〇〇四年，景德元年，因这个年号，被皇上赐名为“景德镇”，如此一来，这个历史文化名城更加响亮了，也开启了辉煌时期，更有“瓷都”的誉称，一些官窑专门生产皇家御用瓷器，也有一些民窑生产精致的青白瓷器供贸易出口。国力不强，政治一般般的北宋，在人文荟萃与民间经济活力的精致表现，却是历史上让人惊艳的一页。北宋经济发达，尤善商贾，尽管大宋的面积、人口、资源都比前朝大唐差得多，但是，宋朝的经济，像是一〇〇九年，大中祥符二年，这般风调雨顺的好年景时，岁入是唐朝的七倍；即便灾害频仍之年，岁入也是大唐的三倍左右。

可是，尽管北宋景德年间经济蓬勃，世居在黄土高原的狄家村的狄普，这位普通的农村子弟，仍然靠着勤奋的自耕勉强维持全家温饱，家里第二个儿子狄青，大中祥符元年，就在宽广辽阔的黄土大地的家庭环境开始了他的人生。

改变年轻狄青生命轨迹的事件

年幼的狄青，父母双亡，家境更显得清苦，一直与哥哥狄素相依为命。他没有机会接受经史子集的教育陶冶，完全与“书中自有黄金屋”无关，只能与一些穷苦人家的孩子们，摸爬滚打地玩在一起。山西简称“晋”，因地处太行山之西而得名。西河一带，地势开阔，地形多变，当地农民在农闲时多会习武强身，狄青少年时期自然对骑马射箭有浓厚兴趣，加上他聪明伶俐，勤学苦练，虽然年轻，但武艺相当熟练。

狄青十五岁时，发生了一件大事。一天，正直、贫穷的庄稼汉哥哥狄素，他与一位游手好闲的铁罗汉厮打了起来，原来这位酗酒闹事的铁罗汉，抢了一个老实农民手中的一个馍，同时对他拳打脚踢，在一旁的狄素按捺不住，给他一拳，再一脚把他踹进河里。

狄青听到讯息赶到时，不识水性的铁罗汉正在河中挣扎。狄青意识到：这家伙如果淹死了，哥哥肯定大祸临头，他跳下水里把铁罗汉拉了起来，这时已经濒临神志不清的铁罗汉，感觉有人靠近，死抓着狄青并且扯下狄青的葛衣领子，最终，狄青还是用力把筋疲力尽的铁罗汉拉上岸。

赶到现场的村官，看到不省人事的铁罗汉，向狄素喝道：“朝廷有法，不准斗殴。谁惹事打死人，谁就要偿命。”在旁的狄青跳出来解释：“铁罗汉欺负乡民，是我一时气愤对他动手，他自己掉到水里，还是我哥哥救了他，你看他手里还抓着我的破衣领呢！”

乡人也应和着。

结果已经有小家庭的哥哥避过这次劫难，代兄受过的十五岁狄青被“逮罪人京，窜名赤籍”，开始了他的军旅生涯。习武从军，报效国家，本来就是狄青幼时立下的志愿，只是没想到是这样当起了兵。

十六岁的狄青，在开封府登录从戎

北宋军队的士卒被称为“赤老”，一般都要在脸上像处刑的罪犯那样脸上刺有黥文，主要是防止逃跑。狄青在开封府登录从戎，同一天，正好也是宋朝科举发榜的日子，中得进士的人从皇宫里春风得意地走了出来，吸引许多人围观，大家都要一睹新科进士的风采。狄青与几个战友士卒正巧路过，有人感慨：“人家是状元，我们当赤老兵，潦倒与富贵，命运大不同啊！”

狄青答话：“话不能这么说，这要看人的才能如何。”狄青那年才十六岁。

狄青从戎那年是一〇二四年，也是宋仁宗的天圣二年，刚登基两年的宋仁宗才十四岁，国政由刘太后临朝称制，她一直听政了十一年，直到病卒，二十三岁的宋仁宗才得以亲政，不过这是后话了。

有趣的是，少年狄青当时看到的状元是宋庠，宋庠有位弟弟宋祁，也是同举甲子科进士，而且起初还被礼部选定为状元，后来刘太后不欲“以弟先兄”，以“长幼有序”理由，乃拔擢宋庠第一，而置宋祁第十，故有兄弟“双状元”之称。难怪当年整个开封府都为了他们兄弟俩热闹滚滚。

三十多年后，一〇五七年，宋仁宗嘉祐二年，那年又有兄弟档同科，就是更有名的二十一岁的苏轼与十八岁的苏辙，加上曾巩、章衡、程颢等未来的文坛明星，当然更是佳话满城。主考官是欧阳修，当年最有名的故事是：欧阳修阅卷时，以为原本第一名的苏东坡的文章是他弟子曾巩的，怕人家说闲话，于是把苏东坡落出状元之外。那一年苏东坡所参加的廷试，御制试题即为：《重巽以申命论》，就是申论《易经》里第五十七卦《巽卦》，上巽下巽，巽也是风，声随风转，前风刚过，后风即来，拂物撩人，源源不断，如果用这种方式再三传达政令，君主的旨意便可到达每一个角落。怎么样？如果你与苏东坡同时参加考试，你会如何作答？

回来说说这位年轻志高的狄青，看到了人家是春风得意的状元郎，他如何胸怀大志，在战场勇猛善战，屡建奇功，立下了累累战功。

在易经有一卦《大畜》，说的是“既富且强，当止则止”的道理，理的是“大为畜积”的论述。《大畜》全卦表明事物发展过程中，必须竭力畜积刚健正气的道理。但是，“大的畜积”也必然要有“大的阻止”的认知，因为既富且强之时，容易过度自信，轻举妄动，造成不可收拾的严重损害。因此，必须懂得冷静警觉，适可而止，或是断然而止。在鼎盛气壮时如何“有所不为”，里面蕴含着高度的进取与克制，这是大智慧的能力！

从《易经·大畜》看二十七岁的狄青，在阅读《左传》后如何视野开阔

艮

乾

上九　何天之衢，亨。

六五　豮豕之牙，吉。

六四　童牛之牿，元吉。

九三　良马逐，利艰贞；日闲舆卫，利有攸往。

九二　舆说輹。

初九　有厉，利已。

《大畜》卦，上卦艮山，下卦乾天，卦象犹如天被包涵在山中，喻示“所畜聚者至大”，全卦阐明畜积了庞大的力量，蓬勃发展。但当突飞猛进时，如果要加以阻止，必有相当的危险，所以必须坚持正当，周详策划，采取有效的方法，正本清源，釜底抽薪，这样才能防患于未然，宜进则进，宜止则止。

第一爻 · 初九　有厉，利已。

巳，就是止而不进。初九爻说“有厉，利巳”，就是说“言健而上进则有危厉”，惟利于“巳而不进”。初九以刚居阳，勇于上进，喻人之不待才德积蓄，即急于有所作为，故诫其有危厉！劝告暂且“止而不用”为有利，接受六四之畜止。实力不足，时机未到，气候尚差，都需坚持等待，不能妄动。

狄青从开封府“拱圣营”的小卒开始，后来因为身材魁梧、武艺高强，善骑射，加入骐骥院做了“骑御马直”，也就是皇家仪仗队的一名马兵，倒也威风凛凛。之后又选升为“散直”，那是仪仗队的少尉排长。

狄青任职皇家仪仗队的小军官之后，被升任为三班差使，再转任殿侍。就在此时，遥远的西北方疆域有事了，本来臣服于北宋命令的游牧民族党项人，与北宋政府之间的矛盾不断加剧。

一〇三二年，党项酋长由元昊继任，这位“夏国公”开始积极准备脱离宋。元昊企图心旺盛，一〇三三年，弃用北宋的年号，改用自己的“显道”年号，建宫殿、立文武班、定官民服饰、定兵制、立军名，甚至创造自己的西夏文字。一〇三八年，宋仁宗景佑五年，也是宝元元年，即位六年的元昊，撕毁其族与宋朝订定的和议，称帝创国号“大夏”，建都兴庆，这就是史称的“西夏”。我们从元昊颁布“秃发令”，来观察西夏的备战精神：元昊他命令全国男人三天内必须秃发，违者格杀勿论！就可知道，北宋的好日子要结束了。

次年，一〇三九年，元昊写信通知北宋政府，希望他们承认“大夏”这一事实。可是宋朝大多数官员主张立刻出兵讨伐西夏，兴师问罪。于是宋仁宗于当年六月下诏削去元昊官爵，并悬赏捉拿。

十一月，北风已经狂吹，西夏军顺着风势进攻保安，保安是延州的西北门户，也是北宋的边防重镇，史上的第一次“宋夏战争”全面爆发。西夏将自己强悍的民族精神整个倾泻在战场，北宋的戍边部队根本不是对手。先后向宋朝发动几次进攻，西夏军屡获胜利。

一〇四〇年，三月，元昊一面率军佯攻北宋的金明寨，一面送信给北宋延州知州范雍，表示愿意与宋和谈，制造假象，以麻痹范雍。范雍却信以为真，立即上书朝廷，对延州防御也松懈了。到了七月，元昊派大军包围了延州，范雍慌了赶忙求救。但是，宋军的增援部队在三川口遭遇西夏军偷袭，退守在山坡，宋军受到重重包围，而西夏军人数不断增加，宋军持续苦战，伤亡惨重，大败。后来，幸好宋将许德怀偷袭元昊得手，西夏军被迫撤离宋朝境内，但是，延州城因为战争已经残破不堪了。

宋仁宗改任命名重一时的韩琦、范仲淹边防西北。年初，范仲淹本来还贬谪在越州任职知州，因韩琦的强力推荐，他重新得到重用，先被恢复了天章阁待制之职，出任陕西路永兴军的知军州事，再升任陕西经略安抚招讨副使。在延州戍守的范仲淹，先在延北筑城，后来又在宋夏交战地带，构筑堡寨，延州边防慢慢趋于稳定，战略也由攻改守。虽然情势有些好转，当时边区民有歌传唱：“军中有一韩，西贼闻之心胆寒。军中有一范，西贼闻之惊破胆。”但是，暂时未能彻底改变宋军的弱势。

宋仁宗急了，选择一些御前侍卫，组建队伍。狄青就在这样的情势下，登上宋夏战场，成为经略安抚缘边招讨使庞籍的部将，任延州指挥使。

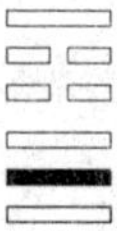

第二爻・九二　舆说輹。

> 说，就是脱字；舆，运输车子。九二爻急于有为，积极任事，然因居中，故能进退有节，虽志在上往，但是会审时度势，尚非可为之时，乃止而不行，能够接受六五之畜止，有如车舆脱落轮輹，不复前进。这里的“脱落轮輹”，说的是主动的停车不前，因为艮止在上。

狄青到达边疆后，先研究为何宋军每战即溃，原来将不知兵，兵不知将，因为新增的士兵都是临时应召来的，没有经过严格的训练，自然不堪一击。所以开始着手训练自己管辖的队伍：一是身先士卒，提高士气；二是严整军纪，统一号令。狄青把这一支人马，称之“虎翼军”。

此前，宋朝在边境招募兵马，组成了“万胜军”。可是两军交锋，“万胜军”没有万胜，而且每次都被西夏兵打败。守将卢守勤正在犯愁，狄青主动要求让他担任先锋，卢守勤见有人愿意当先锋，自然高兴，又拨给他一些人马。成语“易帜而战”的故事就发生在这里。

因为每战皆败的“万胜军”，西夏军是瞧不起的。于是，狄青把自己的“虎翼军”换上“万胜军”的旗帜，向西夏军进攻。西夏军一看是“万胜军”的旗号，也就轻敌了，他们迎面冲向宋军，结果撞上亲自上阵的狄青，他把发髻打散，披头散发，戴着铜制的鬼面具，只露出两只炯炯的眼睛，他手拿一支长枪，带头冲进敌阵，东挑西杀。西夏军自从进犯宋境以来，没有碰到过这样厉害的场面，他们又看到狄青这副打扮，已经胆寒三分，经狄青和宋军猛冲了一阵，西夏军的阵脚大乱，纷纷败退，最后全歼。宋军的这次胜利，给不可一世的元昊迎头痛击，也是宋夏战争中为数不多的胜仗之一。从此“虎翼军”成了西夏军闻风丧胆的劲旅。

一次，西夏军向狄青驻守的泾原路一地发动攻击。战前，狄青分析了敌我兵力，西夏军战斗力远胜宋军，上万的兵力也远多于宋军。于是，他采取了迷惑性的作战方法，全军尽弃弓弩只持短刃，狄青带头迎战，摆数组队，一步一步进逼，正要两军相遇之际，队伍中一阵锣声响起，宋军立即站定不再前进。第二次锣声大作，士卒低身做好战斗动作，严阵以待。西夏军没看过作战这么像演戏的，莫名其妙，接着大笑看起来很滑稽的宋军，宋军这时锣声戛然停止，西夏军笑声未止之际，宋军个个已经如猛虎出柙，如箭出弦，飞速直击敌阵，一时西夏军阵势大乱，士卒争相逃命，“自相践踏，死伤不可胜算”。

狄青出奇制胜，以寡击众，以弱胜强，这次赫赫的戏剧性战绩，大大激励宋军士气。捷报传到开封府，整个京城的百姓，都在传述这次神奇的战役，包含皇亲贵族和朝廷百官，都想要目睹这位风云英雄。宋仁宗十分高兴，还想把狄青召回京城，亲自接见。事不凑巧，西夏军又进犯渭州了，指挥中心调狄青去抵抗，不得不取消了召见的打算。但是不死心的宋仁宗，还是派了宫中丹青画师亲赴战场，画了狄青肖像送回朝廷供众人瞻仰。

打开画轴，看到仪表堂堂，英姿勃发的狄青肖像，宋仁宗不禁赞叹：“真是我的关羽、张飞啊！”

第三爻·九三　良马逐，利艰贞，曰闲舆卫，利有攸往。

九三以阳居阳，与上九同类都是阳爻，阳爻与阳爻不相畜止而俱进，两者又是两卦体的终爻，值穷极变通之时，故曰“良马逐”，好像两匹良驹并驾齐驱。但是九三依然“过刚锐进”，所以诫之应该艰难其事，严守贞正。并且每日闲习车舆、防卫之术，乃能日后利有所往。

战火考验着狄青，也焠炼着狄青，使他迅速地成长强壮起来。

一次，狄青与经略判官尹洙相见，尹洙学识渊博，满腹经纶，精于史学，深谙古代兵法，喜与人谈论兵事。两人谈到兵家攻取退守之道时，狄青发表了一些与众不同的见解，令尹洙不仅折服，而且惊讶不已。他马上将狄青视为智将之才，并向经略安抚招讨使韩琦、范仲淹推荐。

范仲淹一见狄青，惊叹："此良将才也！"他诚恳地勉励狄青增加阅历，开阔视野，并谆谆地告诫狄青要汲取历史经验智慧，并且送了他一部《左氏春秋》，说道："将不知古今，匹夫勇尔。"做将官的如果不能博古通今，只能算是匹夫之勇。双手捧着《左氏春秋》的狄青，那年二十七岁。

《左氏春秋》就是《左传》，相传是春秋末期的鲁国史官左丘明所著。有评价："左氏之传，史之极也，文采若云月，高深若山海。"此书不仅是历史著作，也是一部非常优秀的文学著作，其中对于战争的描述："纲领提挈得极严谨而分明，情节叙述得极委曲而简洁。"

狄青很受感动，如获至宝，发愤钻研《左氏春秋》，勤于思考，日间不足，继之以夜。至此，他又把秦、汉以来所有将帅兵法也悉心研究，并将自身的实战经验搭配书本上所学的新知识，进一步推敲与深思。从此，有勇有谋的狄青，由一位剽悍凶猛的勇将，到不断升华成帅将兼具的"狄天使"，"狄天使"是西夏军对他的尊称。在此，长者范仲淹与《左氏春秋》都成了狄青的"逐良马"，与狄青一起奔逐向前的良马，他的戎马生涯因此更上层楼。

南宋岳飞，也是遇见宗泽大元帅，获得他所赠的《左氏春秋》，经过认真研读后，终于成就“南宋第一名将”。至此，也让北方金国有“撼山易，撼岳家军难”的感叹。

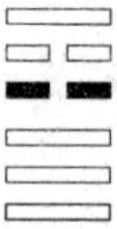

第四爻、六四　童牛之牿，元吉。

牿，置横木于牛角，以防其角触伤人或物。六四爻下应初九，有畜初九阳刚之象。说“童牛之牿，元吉”，言畜初九之刚，如童牛未有大角而先牿之，则易制之，防患未然。六四处艮卦上体而当位，阴位柔爻，比喻为有正德的近君大臣，肩负“畜养人才”之责。初九在最下方，乃阳之微，在微之时，畜之则易制，像是小牛的抵角野性尚未发作前，就已经加牿在新角上，此乃大善而吉。

在祸端尚未萌生之时，能危机处理；在伤害尚未扩大之时，能灾难管控，这都是领导者该有的认知与能力。“童牛之牿”亦是如此，当然大吉！

狄青不仅智勇双全，而且善解人意，他常同理心地站在部属的立场，自然使他得到大家拥戴，整个部队团结一致，众志成城。

有一次狄青率军出守边塞，韩琦向他推荐刘易，因为他熟知该处边境的地理环境，而且他又是一名猛将，善打恶仗。这正是狄青戍边大业所欠缺的将才，可是，刘易特爱吃苦荬菜，结果这个怪习造成了其他人的困扰，因为如果有一餐缺了苦荬菜，刘易是会“翻桌”的，还会大呼大闹，殴打伙食小兵。

除此之外，刘易倒是每天忙于军务，早起晚睡。问题是，从内地带来的苦荬菜终究有吃完的一天，而边塞又不长这种野菜。当然戍边部队不需“伺候”这种“大牌小将军”，但是狄青了解刘易确实与众不同，如果与此人正面冲突，不仅破坏了自己与韩琦的朋友关系，刘易终会是不定时炸弹，如果放任不管，又会动摇其他士卒军心，影响戍边大事。

于是，狄青一边安抚刘易，一边派人回内地采买苦荬菜。可是，许多将领不满也不服气，说狄将军骁勇善战，屡建奇功，这个刘易何德何能要狄将军放下军务，派人去弄这个野菜给他吃，除了这些杂音，还有一些将领要他“踹共”，要跟他单挑，挫挫他的威风。狄青当然知道，他告诉这些将领：“刘易是客将，如果你们与他计较，争强斗胜，失了团结，必会给敌人有机可乘，因此我们不能争一时长短，请也体谅刘易的需求。”

刘易知道了狄青的响应后，非常感动。狄将军派人取苦荬菜，是出于对他的了解；劝阻将领勿与他争强斗胜，则是真正顾全大局，宽宏大量的人。他懊悔地向狄青致歉说：“狄将军，您治军严谨，我在韩将军处早有耳闻，这次我为了一点小事就大吵大闹，您不仅没责怪我，还原谅了我，我不会再为了苦荬菜闹事了，而且会更努力回报您！”这就是给他人留有余地的狄青，他的宽容气度所得到的回报。

第五爻·六五　豮豕之牙，吉。

豮豕，去势的野猪，其牙不利。六五阴爻驯化九二阳爻有道，善畜九二之刚，如豮其豕，牙虽存但无害。所以，得吉。因为九二之乾阳尚稚，有“豮豕”之象，六五能畜止之，使不突进躁动。犹言英才能隐居潜修，才能养成大器。

狄青继续率兵骋驰边疆时，宋夏关系出现了转机。西夏多年不断发动战争，耗费不赀，土地荒芜，民不聊生，不得不向宋请和。另一边的北宋，虽然逐步转败为胜，范仲淹等戍守边疆也有所巩固，可是，战争究竟大量消耗了国力。于是，一〇四四年，宋仁宗庆历四年十月议和成功。

宋夏战争结束，狄青任彰化军节度使知延州。一〇五二年，升任为枢密副使。北宋的中书省与枢密院，号称宋廷的文武二府，枢密副使就是直接受命皇上的“副国防部长”的朝廷命官。多事之秋的一〇五二年，皇佑四年，范仲淹病逝于徐州，朝野一片哀戚；南方的广西少数民族领袖侬智高自称“仁惠皇帝”，招兵买马，举兵反宋了。关于范仲淹，我们另外辟文说说这位“先天下之忧而忧”的了不起人物。当然，也要说说苏东坡。我们回头继续说说这位令宋仁宗十分恐慌的侬智高。

宋仁宗先后派了几位大将南下平反，但都被侬智高击败，几次损兵折将，侬智高气焰更高。就在满朝惶然无措，宋仁宗也坐卧难安之际，狄青请缨出战，他上表跟皇上说：“臣本行伍出身，除征战而外无以报国，愿率禁军并番骑数百，活捉侬智高献于阙下。”宋仁宗大乐，亲自在垂拱殿为狄青设宴饯行。

到达昆仑关附近的宾州时，狄青以运粮不继为借口，声言休兵，士卒卸甲，战马离鞍。这时已是皇佑五年的正月，马上来临的元宵节是宋人最隆重的节日之一，有悬花灯、踩高跷、演百戏的习俗。狄青知道昆仑关易守难攻，他要制造假象，然后智取昆仑关。他传出命令，让地方为大军备下十天粮草，在军中张灯三天，宴请兵将，佯装按兵不动，让大家过个开怀畅饮的元宵假期。依智高的奸细自然很快地传递了宋军休战的消息，侬智高知道宋军暂时不打仗了，他居然也乐得让自己手下摆开宴席，好好过节。

第一天晚上，狄青和众将官们酒宴到天明的情报，传到了侬智高那里，本来还有存疑的侬智高，终于放下心了，现在可以喝得大醉了。第二天晚上，宋军酒宴如期举行，喝到半路，狄青让孙沔代替自己续摊，自己却暗中调兵遣将，亲自率领突击队，夜袭关口，并且在天亮前轻松夺取了昆仑关。天明了，宋军等不到狄青起床，众将官也在帐中找不到狄青主帅，正在这时，有人来报：“过关吃食。”狄青要大家过昆仑关吃早餐，还没完全醒来的宋军惊喜不已。那天刚好是元宵节。

宋军越过了昆仑关之后，在归仁铺摆阵与侬智高对峙，这里地势开阔，对骑兵极为有利，宋军三千骑兵从左右冲击，双方对战惨烈，最终宋军占了上风，乘胜追击五十里，斩首两千两百人。

正是如说书人，打着响板："奇兵飞越昆仑关，一举平叛依智高。"

第六爻·上九　何天之衢，亨。

何，同荷，有担负、肩挑之意；衢，四通八达的大路，有时天衢喻朝政大事。上九处畜之极，而下引三阳，畜极则通，所以说"何天之衢，亨"。发展至上九，畜道已成，乃贤路大通之时。这就像蓄势已久，一旦豁然贯通，如同天衢四通八达，无往不利。

因上九大畜大道已成，往日乾阳不可上进。现在可以上进了，往日贤才不得用，现在贤路大开，可以得用了。所以，君子患屈之未至，不患其不伸也。

狄青做到枢密副使时，脸上的黥痕仍清晰可见。宋仁宗曾让他用药把它除掉。狄青指着刺青说："陛下以功擢臣，不问门第，臣若脸上无字，怎能到达执政大臣这样高位？臣决不除去这些刺字，为的是让那些被视为贱儿的士卒知道，国家有执政大臣这样的名位，在等待他们建立功业！"好一个汉子的回复啊！

在进攻昆仑关前，一万五千大军在行军时悄然无声。

这是狄青纪律严明，所以众士卒行动整肃。但是，部队到了桂林附近，路途艰险，军心开始动摇，竟有一些兵士开了小差。这个事情严重了，狄青自己清楚与侬智高对阵，有人确实信心不足。

行军到了桂林，路旁有一神庙，狄青便令部队停下，对将士们说："此庙的神明极其灵验，我要请神明判断此番来南方讨伐叛军，是吉是凶。"说完掏出一大把铜钱，向神明大声祷念："是吉的话，那我撒出去的钱，个个应当面朝上。"众将一听，大惊失色，大家都知道这么一把钱，撒出去要全部面朝上，几乎不可能，他们急急劝阻："请大将军三思而行！"

狄青不听，扬手一抛，铜钱叮叮当当响了一阵子，大家定睛一看，果真是神灵保佑，全部正面朝上落地！全军闻知，欢呼声响遏行云。这时狄青叫心腹拿来钉子，把铜钱一一都钉在地上，并用青纱罩在上面，还亲自动手加了封，一边虔诚地说道："待等大军得胜回朝路经此地时，用厚礼祭奠神明，那时再取回这些铜钱。"

这个秘密只有狄青心知肚明，因为这些铜钱上下都是面。狄青此计，是利用将士们迷信鬼神的心理来稳定军心。祭拜后，全军此时士气高涨，很快地往昆仑关前去。这些故事从此成了人们凭吊狄青的大智大勇，我却在历史的夜航中，屡屡想起他后来委屈的身影，如此一代名将，没有在兵刃飞矢之中倒下，却死在后来宫廷的猜忌迫害中。几年后，宋神宗派使者前往陈州狄青家庙祭奠，把狄青画像挂在宫中，把懊恼挂在心里。今夜，昆仑关下，没有兵戈杀声，只有风声萧萧。

狄青庙，又名狄武襄公祠，这是狄青次子狄咨所建的家庙。正殿正中有神龛一座，内供着狄青木雕坐像，面目清秀，温文尔雅，留一绺长须；身披铠甲，头戴紫冠，一身元帅装束。殿内四角立有两位文侍臣、两位武侍臣：东内侧文侍臣举着钦赐的尚方宝剑，西内侧文侍臣双手捧着帅印；东外侧武侍臣端捧一个面目狰狞的铜面具，西外侧武侍臣手持一杆无缨合箭式大枪。

我想，今天在狄青庙里神案前，也撒出一把铜钱，会有几个面朝上的？我们接着说说送狄青《左氏春秋》书本的范仲淹，改变狄青命运的范仲淹吧！

范仲淹

日星隐耀，山岳潜形

坎

艮

蹇

上六　往蹇，来硕；吉；利见大人。

九五　大蹇，朋来。

六四　往蹇，来连。

九三　往蹇，来反。

六二　王臣蹇蹇，匪躬之故。

初六　往蹇，来誉。

得意时读李白的《将进酒》；失意时读范仲淹的《岳阳楼记》

曾经阅读过明代的乐曲《四时乐》，记得词句中提到：春时，要读李太白的《桃园序》，牛衣醉月，秉烛夜游；夏时，要读王羲之的《兰亭序》，茂竹修林，玉带清流；秋时，要读欧阳修的《秋声赋》，星月皎洁，银河横秋；冬时，要读孟浩然的《兴雅志》，踏雪寻梅，诗酒相酬。《四时乐》是古人的生活雅逸的四季情趣，那如果人生起伏之际，可有诗文像药帖般具有疗效？

我觉得，得意之时，要看李白的《将进酒》，感受如文曲星下凡的诗仙，如何“人生得意须尽欢，莫使金樽空对月”和“与君歌一曲，请君为我侧耳听”，听那酒声歌声笑语声，看那酒色月色春风色，李白是谪仙，浪漫奔放的仙。阅读过《将进酒》的放浪豪迈，顺境时，我们大概就不会得意过头了。

失意的时候，就要阅读范仲淹的《岳阳楼记》，看他如何从“霪雨霏霏，连月不开”的心情，转换到“上下天光，一碧万顷”，中间从郁蓝到暖橘的渐层色，可以感受到他是悲怆中带有阳光，范仲淹是人，忧国忧民的人。仔细品过《岳阳楼记》，逆境时，我想郁结的心思应该可以再让你振作起来。

我常想，怎么会有人忧国忧民到这种程度？

李白不是说反正人生啊！早上的青丝黑发到晚上就要转成如雪般的白发，黄河之水天上来，奔流到海不复回？水势来得充沛惊人，奔入汪洋却又了无痕迹，人生啊，何苦？其实，千百年来，许多文人都“想要有”李白的胃，苏东坡的肺，管仲的肝，诸葛孔明的胆，更要有范仲淹的心。思索着，如果要进行一场关于范仲淹的历史讲座，要怎么定义名称？《从〈易经〉看范仲淹的郁蓝与暖橘色谱》或许是个好讲题。

范仲淹的“宁鸣而死，不默而生”的心

还是注明一下：想想李白千杯不醉的胃，真的太厉害了。长安一片月，如果微醺也就罢了，事实上酒测都已破表，仍能下笔如飞，一挥而就《清平调》，写出“云想衣裳花想容，春风拂槛露华浓。若非群玉山头见，会向瑶台月下逢”这般暖艳的盛唐风情。这种李白的酒胃谁都想要！

至于苏东坡，其名“轼”原意为车前的扶手，取其默默无闻却扶危救困之意。他的仕途不顺，三次贬逐生涯：“问汝一生功业，黄州惠州儋州。”这种坚韧的铁肺，这种豁达的胸襟，写出《念奴娇·赤壁怀古》里的“羽扇纶巾，谈笑间，樯橹灰飞烟灭”，真令人激赏，不是吗？

肝，是人体无声的排毒工厂，管仲四十年来不断地帮好玩、好酒、好色的齐桓公排毒。司马迁在《史记·管晏列传》中说：“天下不多管仲之贤，而多鲍叔能知人也。”管仲这个肝真的好用，任齐桓公猛吃乱吃，他依然静静地辅佐，建立首席春秋五霸的彩色人生地位，太赞了！

而孔明能够精准地预测未来局势，从借东风开始，到草船借箭，一直到借荆州，再借出三国分鼎的局面，两手空空的孔明能借东借西，这个胆识，就是空前绝后的好胆！在东吴大殿舌战群儒；面对司马懿的兵马，摆出“空城计”；勇渡泸水，七擒七纵孟获等等，这种胆识，就是传奇！

至于，范仲淹的心，他“宁鸣而死，不默而生”的心呢？

父亲早逝，范仲淹不知身世的少年

范仲淹出生于九八九年，宋太宗端拱二年，天平座。范仲淹的父亲范墉，当时任职淮北古城徐州的武宁军节度使掌书记，就是地方军部的机要秘书，基本上，就是位不高、禄不丰的小公务员。

次年，新年才过了七天，父亲因病去世了，范仲淹两岁，实际上未满周岁。母亲还很年轻，迫于生计，改嫁了也是朝廷小官的朱文翰，范仲淹被改名为朱说，说读作悦，范仲淹年纪太小了，继父与母亲不说，他当然搞不清自己的身世。随着年纪渐长，范仲淹也渐晓人事，年轻的他先后随着继父的官迁，也游历不少地方。十六岁到二十一岁之间，继父任职淄州长吏，淄州靠近山东半岛处。范仲淹十七岁时，只身到北临黄河的醴泉寺附属书院求学，醴泉寺位于长白山上，他寄身在僧房苦读。醴泉寺创建于南北朝之时，后有增设的范公祠，不过古建筑于一九三九年清明，日军侵华时经炮火扫荡，千年古寺被毁于一炬，这是后话。

奋力苦读的范仲淹，他日常所食，就是“日作粥一器，分四块，早暮取二块，断虀数茎，入少盐以啖之。如是者三年”。每天煮两升粟米粥，摊凉凝结后切成四块，早晚各吃两块，配菜是切成碎段的少许腌渍生韭菜拌盐。这件事，就是成语“划粥割虀”的出处。

在醴泉寺读书三年后，继父因病去世。办完丧事，范仲淹仍回到寺庙中继续就学。寺里的方丈、高僧都鼓励他去全国闻名的睢阳书院求学。睢阳书院就是后来的“应天府书院”，宋真宗追念宋太祖“应天顺时”开创宋朝，一〇〇五年将其发迹之处“宋州”城改名“应天府”，这里也是“大宋王朝”得名的宝地。后来朱元璋创国时也把他发迹的南京称之“明朝的应天府”，理由一样。这时的范仲淹已经通过县里科举考试，算是“秀才”同等级的资历。

而睢阳书院也在一〇〇九年被宋真宗改名“应天府书院”，这是几年后的事，下面的文章会介绍到。先说说生活如此节俭的年轻范仲淹吧！

一次回家探母亲时，他对着花费无度的朱氏兄弟劝解，希望他们的奢华作风能有所收敛，结果受到反唇相讥：“我们花的是朱家的钱，关你何事？”听到话里有蹊跷的范仲淹，再三追问根由，才知道自己真实的身世，晴天霹雳的冲击真相，他的内心波涛汹涌。他终于知道了原来他是祖籍陕西彭州的范家子弟，十世祖范履冰还担任过武则天时期的宰相，而非朱家子弟。

他收拾行囊，配上琴剑，毅然离开朱家，前往南都（就是宋州，应天府，北宋的南都，也是今天的河南商丘）睢阳书院求学。母亲听到消息含泪追了出去，再三挽留，有点负气的范仲淹，这时二十三岁，他立誓发愤自立，含泪跟母亲说：

“以十年为期，待功成名就，就来迎接母亲！”

苦读的范仲淹，自许“涧松何必怨山苗”

对范仲淹而言，贫苦的境遇算不得什么，寄人篱下的委屈才是啃蚀尊严的难受。以羞愤当是自立的动力，以与母亲的十年约定当是倒数计时。范仲淹进入睢阳书院就读，这是当时的四大明星书院之一，与时间赛跑的他，“昼夜苦读，五年未尝解衣就寝，或夜昏怠，辄以水沃面。”这五年来，每天苦读到深夜，如果倦怠想睡，他就用冷水浇脸。尽管深夜才和衣而眠，但每天一早他依旧清早起床，舞一回剑锻炼体魄，范仲淹并非文弱书生。

当然，他的伙食非常的糟糕。欧阳修后来曾回忆范仲淹说：“去之南都，入学舍，扫一室，昼夜讲诵。继起居饮食，人所不堪。”一天，这事被来看望他的同窗好友发现了，于心不忍，便拿出钱来，让范仲淹改善一下伙食。范仲淹很委婉，但十分坚决地推辞了。他的朋友没办法，第二天亲自送来许多佳肴，范仲淹碍于情面，接受了满桌美食。

过了几天，他的朋友又来拜访范仲淹。他吃惊地发现，上次送来的鸡、鱼佳肴都发霉变馊了，范仲淹任其腐坏，完全没动食。

他的朋友不高兴地说："希文兄，你也太清高了吧，一点吃的东西你都不肯接受，岂不让朋友太伤心！"范仲淹笑了笑，作揖说道："仁兄误解了，请不要生气，我不是不想吃，而是不敢吃。我担心自己吃了鱼肉之后，再也咽不下去清粥和咸菜。"

一〇一四年，大中祥符七年，范仲淹二十六岁，他仍在睢阳书院"昼夜讲诵"。刚过完年，宋真宗到南都祭拜圣祖庙，所有书院的学生都兴奋地跑到大街去恭候皇上莅临，希望能一瞻皇上圣颜。但只有范仲淹还安坐在学舍读书，他的同学问他为何不去看皇上，范仲淹回答："皇上终归是要见的，将来再见也不迟！"

那天下午，宋真宗也到了书院，亲手写下"应天府书院"五字给了校方。从此，这所书院得到官方认证，成为宋代较早的一所国家书院。一〇四三年，又被宋仁宗改称"南京国子监"，就是皇家大学，成为北宋最高学府之一。后来与白鹿洞书院、岳麓书院、嵩阳书院合称"宋代四大书院"，这是后话。

范仲淹就学时曾有诗作《睢阳学舍书怀》："多难未应歌凤鸟，薄才犹可赋鹪鹩。但使斯文天未丧，涧松何必怨山苗。"他不好高骛远地去追寻高贵的凤凰，却也不妄自菲薄，认为自己始小力弱，终大能高飞天际，成为鸿鸟。他不会在乎身旁的小树苗，因为他终究会超越他们，成为一株昂立溪涧边的大松树。确实，苦读寒窗时的种种困阨拮据，范仲淹都以颜回当是榜样，吃得苦中苦。至于后来，范仲淹自认一生几起几落，屡经风波，但没招到多大的迫害，就在于自己能够"忍穷"的特质和"不以物喜，不以己悲"的态度。

一〇一五年，大中祥符八年，范仲淹二十七岁，也就是宋真宗到南都写下“应天府书院”的第二年，他进京赴考，而且考中进士。他终于熬出头了，要进入仕途了。

仕途生涯十年的范仲淹，丁忧后的范仲淹

中举后，范仲淹第一份工作：任职安徽的广德军司理参军，司法小幕僚，处理狱讼案件。他立即飞奔回家把这个喜讯告诉日思夜想的母亲，后接她一起赴任。范仲淹当年与母亲十年的约定，提早六年达成，这是他用苦志压缩的成绩与结果。

一〇二一年，天禧五年，范仲淹任秦州西溪监仓盐官，那是一个负责盐税的工作。一〇二四年，天圣二年，改任兴化县的县令，主要工作是修缮沿海一百五十公里的海堤，其实这项艰巨工程，是他还在当盐官时，看到附近几个州县在唐代所修建的海堤年久失修，早已崩毁倾坏，每当秋季海潮泛滥，海水灌入阡陌，灾情严重，百姓被迫流离失所。修堤不是他的职责，可是基于爱民心切，他还是积极上书朝廷建议修复海堤。最终，朝廷干脆把范仲淹调职为县令，就是要他解除这一带的潮水灾害，保护当地的农田与盐田。

就在范仲淹亲力亲为费心修堤之际，骨瘦如柴的母亲已经病重，身体羸弱。尽管公务繁重缠身，范仲淹还是挤出时间回家探视母亲。次年，他又被改调楚州粮料院。再一年，一〇二六

年，范仲淹升迁调任“大理寺丞”，大理寺是古代掌管刑狱的官署；丞，负责审断各地奏狱的中级官员。几个月后，母亲去世，范仲淹当时已经三十八岁，仕途生涯也有十年了。这段时间，升迁慢，官位低、俸禄也少，母亲跟他共居的十年生活并不优渥。这让他后来出将入相时，更加思念母亲，遗憾母亲早逝，当时侍奉她时没有让她颐养到更舒坦的日子。

他辞官为母亲守孝三年，古人称此为“丁忧”，“丁”是遭逢、遇到的意思。古代，遇父母去世，子女须服三年丧期，后多指官员辞职居丧。

辞官后的范仲淹移居在宋州城，就是“应天府”。不到一年，应天府来了一位新首长，就是从朝中被刘太后贬官的晏殊，晏殊本来位居礼部侍郎，教育部副部长，几年前得罪了垂帘执政的章献太后，就是那位权力欲望高涨的宋仁宗妈妈——刘太后。结怨几年后，终被刘太后逮到理由下放到应天府。这时晏殊才三十五岁，虽比范仲淹年轻三岁，但已是朝中的资深高官，原因是晏殊十四岁时，这位神童就被宋真宗亲自召见，并与其他进士应试，神气十足，毫不畏惧的表现，就被宋真宗提拔为皇家图书馆的“正字”官，再逐步高升进入朝廷核心。

在应天府晏殊与范仲淹相识，交谈后，对彼此的文采，颇有相见恨晚之慨。确实，晏殊的词在北宋时期被认为有承先启后的重要地位。两人互相欣赏之下，晏殊请范仲淹掌管应天府书院，担任校长一职，这位杰出的校友范仲淹，便在丁忧期间进入母校，从事教职工作，这次的经验，让他未来与教育工作有了莫大的连结。

一年后，晏殊被召回开封府任职，他向宋仁宗上书举荐范仲淹。因此，一〇二八年，天圣六年，范仲淹被朝廷调升为“秘阁校理”，他要到开封府上班了，虽然职责就是校勘宫廷图书，是个朝廷的闲职小官，但是，他内心为国为民的热情旺盛，不以官小而懈怠，他时刻注意朝中动向，等待着生命中的另一个热气旋……

在易经有一卦《蹇》，说的是“遭遇困难，停止不前”的应对道理，理的是“寸步难行的时刻”。《蹇》卦六爻，除了九五外，其余五爻均应据守本位，固守正道，待时而举，乃能得吉。在《蹇》的理解中，看到范仲淹多次被贬谪，他如何以自己的脚步，让苍凉豪放、感情强烈的“浊酒一杯家万里”，成就“先儒论宋朝人物，以范仲淹为第一”。

从《易经·蹇妄》看四十岁后的范仲淹，被贬谪六次他如何自处

坎

艮

上六　往蹇，来硕；吉；利见大人。

九五　大蹇，朋来。

六四　往蹇，来连。

九三　往蹇，来反。

六二　王臣蹇蹇，匪躬之故。

初六　往蹇，来誉。

《蹇》卦，上卦坎水，下卦艮山，有恶水有高山，喻示“路艰难行”，全卦揭示事物发展过程中“曲折不顺”的情状，指明如何济涉蹇难之可行的道理。

第一爻·初六　往蹇来誉。

初六第一爻，为阴，才质柔弱，不是济蹇之才，而且处在蹇难之始，居在艮止之初，如果前往，则遇蹇险，寸步难行。反之，来返退后，回到最初的原点等待，则得美誉。

一〇二九年，天圣七年，宋仁宗二十岁了，可是章献太后依然握权不放。这一年冬至，宋仁宗打算率领朝廷百官在会庆殿，向太后叩拜并祝贺寿诞。对此不符礼制的举止，满朝文武虽有不能坦然接受的杂音，但是大家都慑于太后的威严，不敢站出来讲话。

这时，任职小小芝麻官的范仲淹开了第一枪，他站出来劝阻皇上，理由是此事有损君体和国体，他说明："天子有事亲之道，无为臣之道；有南面之位，无北面之仪。"皇上应在后宫以家人之礼孝顺母亲，不应亲自与朝廷百官在宫殿之中，一起北面叩拜母亲。

如此小官斗胆谏责皇上的家事，敢直接冲撞执掌朝政的太后的权势，忤逆太后的尊严，这事只能用"石破天惊"来形容了。而宋仁宗竟然因此顺势取消了向太后贺寿的仪式，太后咬着牙，憋得疯，她气炸了，但又不能发作。朝中文武百官则是一片哗然，许多人指责范仲淹此举纯属"邀名"，连好友晏殊也怒责他："你如此出言无忌，难道是忧国吗？""你这样轻率，难道不会牵累推荐你的人吗？”推荐范仲淹入朝为官的正是晏殊，难怪他吓疯了，也气呼呼开骂范仲淹。

范仲淹向晏殊写了数千言的书信答辩，其中，对于“邀名”的质疑，觉得这没啥过错，而且顺着此话题，一路阐述，他说如果君主不崇尚好名，那尧舜也不值得仰慕了，桀纣暴君也不足畏了；当臣子的如果也不崇尚好名，那些正人君子们将不被尊敬，一些凶恶小人也并不可耻了……掷地有声的“士大夫的忠义气节”大论，说得不依不饶，又句句真理。同时，范仲淹又回答：“我受明公举荐，常常担心自己不能危言危行而辜负你的期待，玷污你的声名，想不到现在还会因为忠直而得罪阁下！”哑子吃黄连的晏殊，暗暗叫苦，只好向他谢罪，说他错怪了范仲淹。

范仲淹一不做二不休，更上疏太后请她还权于宋仁宗，他说朝纲长期握在太后手中，“非黄裳之吉象也！”这是《易经．坤卦》的一句话，影射女人当家不是国家之吉。这个马蜂窝捅得凶了，还好，宋太祖建国之初，曾经立下朝规：“不杀文臣！”否则，范仲淹有九个脑袋都不够砍，恨到极点的太后把他贬离京城，赶到河中府任职通判。

下放离京前，几个好友为他设宴饯行，他们向范仲淹致意：“此行极光！”范兄啊！这是极其光荣的贬行啊！

第二爻·六二　王臣蹇蹇，匪躬之故。

匪，非也，就是“不是”的意思；躬，就是自身。“匪躬之故”，就是“不是自身的事情”，而是更重要的“君国之事”。蹇，在这里通“謇”，也就是“忠告直谏”的意思。整句的翻译：“言王臣謇謇忠告直谏，并不是为了他自身之事，而是君国之事也。”

六二爻，柔顺中正与九五正应，是九五之尊所倚重的王臣，虽然此刻“质柔才弱”仍不足以济蹇，但是其与九五之君上下合德，謇謇直谏，其志可嘉。六二不计个人利害得失，尽其匪躬之节，无私无我，无欲无贪，“忠告直谏”而已。

一〇三三年，明道二年，三月，桃花绽开之际，章献太后去世了。四月，范仲淹就被二十四岁的宋仁宗急急召回京城，担任右司谏，掌讽谕规谏，就是要范仲淹啊，你尽量指正我施政的缺失吧！

一〇三四年，景佑元年，宋仁宗的后宫有事了。骄纵自恣的郭皇后，不懂得谦让与宽容，使得宋仁宗对其非常冷漠，因而宠爱尚美人，也引起了郭皇后的妒恨，两位女人多次引发冲突，当然尚美人也少不了在宋仁宗前诋毁皇后，这是肥皂剧一定要有的剧情。一次，两人当着宋仁宗的面有了争执，尚美人讥讽皇后，怒不可遏的郭皇后扬手要抽打尚美人的耳光，宋仁宗前来劝架，没想到这个巴掌落在皇上的脖颈上，五道红印，加上两道因指尖锐利而划出来的血痕。可以想象，宋仁宗气炸了，他传来宰相吕夷简来“验伤”。没几天，废皇后的诏书出来了，朝廷百官哗然，一些台谏官员联名上疏进谏，请求皇上不要意气用事，但是，宋仁宗毫不理会他们。孔道辅与范仲淹等人看到皇上关门不理，毫不反应，他们直接伸手拍打殿门，疾呼皇上慎行。结果，第二天圣旨下来，孔道辅被贬为泰州知府，范仲淹被贬为睦州知府，其他人扣半年薪水。

范仲淹第二次被贬出京城，出守睦州。第一次被贬，是惹毛了太后，这一次加码惹火了皇上。离京前，几个好友又为范仲淹设宴饯行，他们举杯:“此行愈光！”范兄，好样的，这次比上次更光荣，把皇上都得罪了！

睦州，位于浙江杭州西南方一百多公里处，本来心情沉重的范仲淹，看到此地富春江的风光秀丽，他很快地从抑郁中解脱出来，他赞叹此处:“渔钓相望，凫鹜交下，有严子陵之钓石，方子之隐茅。”

范仲淹为古人严子陵建祠，写下“云山苍苍，江水泱泱，先生之风，山高水长。”这一千古名句。“严子陵”是东汉著名的隐士，是东汉光武帝刘秀的同学，多次被征召为谏议大臣，也多次婉拒，后来干脆隐居此处，终老于山林之间;“方子”就是方干，是唐朝声名颇盛而功名不就的诗人，人称“官无一寸禄，名传千万里”，方干也是隐居此处的志节之士。范仲淹以知府身份，为吟唱“鹤盘远势投孤屿，蝉曳残声过别枝”的方干，绘画他的肖像以传世后人，推崇他的“气格清迴，意度闲远”。

顺便一提，北宋熙宁六年，一〇七三年，二月初春，当时所有的朝中大学者都被逐出京城，而任职“祠部员外郎”的苏东坡，因反对王安石的新法改革，也要求离开朝廷转任外职。那一年他任杭州通判，旅途经过七里滩，也想起严子陵，颇多感慨，留下了著名的《行香子·一叶舟轻》：

一叶舟轻，双桨鸿惊。
水天清，影湛波平。
鱼翻藻鉴，鹭点烟汀。
过沙溪急，霜溪冷，月溪明！

重重似画，曲曲如屏。
算当年，空老严陵。
君臣一梦，今古虚名。
但远山长，云山乱，晓山青！

好靓的“沙溪急、霜溪冷、月溪明”，好俊的“远山长、云山乱、晓山青”，经过范仲淹与苏东坡的推崇，此处富春江的山水，与悠长时间的涤洗灵魂的关系，人们开始懂了。一样的山水，透过不同世代有了不同的领悟，但是不论晨昏晦明中的变貌，它终究成了文人在世俗世界受压抑拘束的救赎，也成为文人身在官场向往隐退生活的桃花源净土的象征。

之后，经由元代大画家黄公望，在他七十八岁时，开始描绘富春江山水景色——《富春山居图》长卷，画中有初秋秀丽景色，峰峦旷野，冈陵起伏，山势层层叠叠，林木交错，村舍聚疏，渔舟垂钓。“景物排列疏密有致，墨色浓淡干湿并用，极富于变化。”

当山居图绘毕之时，黄公望已是八十二岁老叟了。如此“江南翠微杳霭之美”正是范仲淹领略的隐士安顿心灵之处。此“十大传世名画之一”，在顺治年间被焚为两截，之后身世飘零，目前，前一段《剩山图》为浙江省博物馆收藏，后一段《富春山居图》现存于台北故宫博物院。二〇一一年六月至九月，这两截分隔三百年的旷世杰作原貌画卷，终于首次在台北故宫合体重现，推出“山水合璧——黄公望与富春山居图特展”，继续谱写千年来历史的一部分。这是当年范仲淹所始料未及的文化盛事。

而这时的范仲淹已经开始在历史中寻找坐标，寻找读书人风节的坐标。

第三爻·九三　往蹇，来反。

第三爻“九三”，以刚居阳位，已经有了“济蹇之才”，但是仍然处在下卦，往前，则将陷入坎水之险，所以说“往蹇”。九三是内卦的主爻，为初六、六二两个柔爻所需求，不前，返回固守本位，护就二阴，所以说“来反”，反通“返”字。

整个爻辞意思：虽已有济蹇能力，但时机未到，坎水之险依旧横亘在前，可暂时退固原处，专注于修身齐家，同时兼护两位才质柔弱的阴爻，至于治国、平天下暂缓吧。

范仲淹在睦州，很快地踏遍了这里的千山万水，流连忘返于“隐者之乐”。可是上任不到半年，他又奉命移任到苏州。

一〇三五年，景佑二年，反正也不指望回京了，范仲淹央了个堪舆师帮忙相地，准备在苏州城落户建盖屋宅，没想到这位风水师找到了一块神奇宝地，他说卧龙街南端是龙头，北端是龙尾，如果住宅建在龙头，子孙世世科甲不断，代代财富不绝。范仲淹听了后说："这样的宝地岂能让我们范家独占，不如设置孔庙，让苏州人科甲不断，公卿辈出！"于是，就在卧龙街南端择地创建了苏州孔庙。要知道，古时孔庙都是庙学合一，范仲淹创建孔庙也就创设了郡学，他请来大教育家胡瑗掌校，又聘请了许多大儒、学者来讲学，一时间苏州的学风大盛，英才辈出。

胡瑗是苦读的大儒，也是大教育家，他对北宋的教育影响很深，教学目标：其一明礼，"礼"是道德仁义；其二达用，"用"是正视文学。他讲究教学方法，采取"个性差异"分班：精义、治事两项类别。首先"精义类"，选择开朗、有抱负、可担大任的青年，教导他们六经中治国平天下的基本学理。至于"治事类"，则依学生不同的才能与兴趣，一人主修一科，辅修一科，科目有政治、军事、水利、边防、算数等等。如此"因材施教"的教育，是范仲淹与胡瑗两人激荡出来的方式，这种学以致用的结果，导致新时代教育的萌芽。

二〇〇九年，我到苏州一游，专程亲炙文庙，仰慕先贤，感受"五大孔庙之四"——由范仲淹创建的苏州孔庙，庙堂恢弘广阔，古银杏树参天。根据记录，苏州创建孔庙后，共有三十五位及第状元，以及众多的榜眼探花进士秀才……更精彩的后话是：

当年范仲淹所制定的祭孔典章，七〇〇年后的乾隆年间，台湾知府蒋元枢，苏州人，甚至将此古礼传到了台南孔庙，“传承与保留”也成了台南孔庙的荣耀，经大陆文化大革命破坏后，二千年来的祭孔之礼荡然无存，“礼失求诸野”，台南竟意外地也珍贵地保留了范仲淹的尊孔大典。

第四爻、六四　往蹇，来连。

就是往来皆难，进退皆难。六四爻以柔居阴，本无济蹇之才，已经踏入上卦“坎”的险地，所以此处、此时、此人进退两难。六四，往则无应，来则乘刚，前往或是返回都难，所以说“往蹇来连”。连，在古文里通“难”字。

但六四阴爻阴位得正，怀有救世救人的正义，下面的近邻“九三”，也阳爻位得正，两者都是得正，阴阳相比，志同道合；如果，这时六四反过来与九三联合，依然能冒险犯难，拯救世人。

宋仁宗知道理亏，自己找了阶梯下。范仲淹又被皇上召回京，升任礼部员外郎，因为他的谏事风格，太积极了点，当时的宰相吕夷简，觉得还是让他很忙很忙好了，以免老是上疏指点朝廷阙失，大事廷诤，小事论奏。吕夷简想来算去，就在年底，范仲淹被派任为开封府“京兆尹”，京城的地方首长。数学里的计数单位，万的上面是亿，亿的上面是兆，兆的上面是京。就是说，京城人多事杂，一个地方首长要管的琐碎杂事有“京兆”那么多；尹，即是长官。宰相吕夷简想着：这下子，应该可以让范仲淹分散精力，再也没有空闲时间上疏言事，想法简单，就是硬要他没空多管朝廷闲事！而且，倘若范仲淹治理开封府出了差错，正好乘机将他赶出京城，此乃吕夷简一石两鸟。但是，范仲淹上任后，“不幸地”却将京城民政治理得井井有条。

宰相吕夷简干脆派人传话范仲淹：“不为言官！不要多费口舌去议论国事！”就是挑明了讲，要他闭嘴，不要再议论朝中之事。但范仲淹心系朝廷，不畏权贵，依然为民请命，他还是努力上疏指明官员进退有许多不公不义，尤其宰相吕夷简任用亲信，培植私党。范仲淹干脆把京官晋升的情况，绘制成《百官图》献给皇上，图中一一指出哪些人是按规定升迁的，哪些人则是宰相以私人关系提拔的。范仲淹如此捅马蜂窝的举动，其实是提醒宋仁宗治乱之道，根本在于用人得失：得人则治，失人则乱。

一〇三六年，景佑三年，五月，范仲淹再以言辞得罪宰相吕夷简本人与他身边众多党羽和支持者，第三次被贬了，这次是到饶州。当然，好朋友们又要把酒饯行，他们说：“此行犹光！”这次受到的贬责更重，也更凄凉，但是赢得更多掌声。他也笑着举杯回答道：“仲淹我，前后已经光荣三次了！”

饶州，在江西鄱阳湖之东，与庐山隔湖相望。政事之余，范仲淹泛舟鄱阳，畅游庐山，结交僧道。已经有前面两次贬离的经验，范仲淹更看得开了，“南方岁宴犹能乐，醉尽黄花见早梅”，菊花醉尽之后，更有早梅可赏心悦目。可能是日子过得太舒坦了，范仲淹再贬到越州，任职知州。

越州，在浙江杭州东南方的绍兴。任期中，他得知境内有一位小吏，死于任所，留下了体弱多病的妻子和两个年幼的儿子，家贫如洗，无以为生，想回老家又不可得。范仲淹立即“以俸钱百缗赒之”，用自己的薪水资助他们，并派人用船送母子三人回老家去。范仲淹怕过水上关卡时，会遇到麻烦，又特地为他们写了一首诗，权当通行证。诗说：

“一叶轻舟泛巨川，
来时暖热去凉天。
关津若要知名姓，此是孤儿寡母船！”

一〇四〇年，康定元年，范仲淹从越州升任陕西经略副使兼知延州。延州，就是今天陕西延安，越州在东，延州在西，两地相隔千里。朝廷要范仲淹远赴西北边塞，就是要他去率军对抗西夏军。其实两年前，西夏建国后采取联辽抗宋的战略，西夏的新帝元昊，不断入侵宋边境。北宋由于军事积弱，边防空虚，加上宋军轻敌，两军第一次大规模对战，史称“三川口之战”，结果宋军惨败于延州。延州是西夏出入关要冲，“三川口之战”后，西夏军虽然退去，但是延州城寨已经被西夏军焚掠殆尽，戍兵皆无壁垒可守，城内满目废墟。范仲淹就是在这个时间点，被派遣到此对抗西夏军。

出守边陲，范仲淹卷起袖子，要干活了，他首先要重建防御，整顿军务。“四面边声连角起，千嶂里，长烟落日孤城闭。”此时的范仲淹，正要开始展现他的军事家才华。

第五爻 · 九五　大蹇朋来。

“大蹇”指的是“非常艰难”。“九五”在君位，但陷入上卦“险”的正中央，形势非常艰难。不过，九五刚健中正，在非常艰难中，必定会有同志，前来营救相助，而那个人就是“六二”。

蹇道发展至九五，已具济蹇之道，九五大人具刚中之德，力足以济蹇，这一爻，说明“德不孤，必有邻”，得道多助的道理。其他五爻皆来跟随九五大人，协助九五济蹇，再随九五一起出险，所以说“朋来”。

一〇四〇年，康定元年，韩琦奉朝廷之命边防西北，他以全家性命担保，向皇上举荐范仲淹与他一起出守。韩琦这时三十三岁，很年轻，他是范仲淹的粉丝。韩琦二十岁时是科举“榜眼”，就是全国进士第二名，从此成了政坛大明星。欧阳修称他“临大事，决大议，垂绅正笏，不动声色，措天下于泰山之安，可谓社稷之臣”，这是后话了。

本来还困在越州任职知州的范仲淹，因韩琦的强力推荐，他重新得到重用。此后，本来不熟识的范仲淹与韩琦，因两人才开始密切交往，韩琦年纪小范仲淹十九岁，两人之后长达十多年的深厚友谊，成了忘年之交。

虽然结为好友，可是，攻守战略两人的想法分歧很大，范仲淹主张“严戒边城”，理由是：宋、夏交战当中，除宋军每战必败，敌强我弱之外，从朝廷到边将普遍轻敌，所以应该让兵将多多“习练”后，才找机会还击。而年轻的韩琦，则主张“速攻！”他想一鼓作气彻底打垮西夏军，这个一厢情愿的想法，其实也是朝廷所希望的。范仲淹与韩琦两人各有不同的谋略与判断，但是友谊仍在，这就是范仲淹所坚持的“君子合而不同”。

这一年，范仲淹认识了狄青，赠一部《左氏春秋》勉励他：“将不知古今，匹夫勇尔。”狄青因此发愤读书，精通兵法，最终成为一代名将。

在延州的范仲淹，先在延北筑城，后来又在宋夏交战地带，构筑堡寨，延州边防已趋稳定。西夏军知道：“不能轻易攻取延州了，如今小范老子胸中有数万甲兵，不似大范老子那般好对付了！”“大范老子”指的是范雍，他是“三川口之战”前，被西夏帝元昊以和谈摆弄的延州知州。至于“小范老子”，则是范仲淹，他对边境少数民族居民诚心团结，慷慨优惠，严立赏罚公约。多方面努力之下，鹿延、环庆、泾原等路的边防在线，渐渐屹立起一道坚固的屏障。

宋仁宗深感西夏强盛不易对抗，晋升夏竦为陕西略安抚使，韩琦、范仲淹为副使，共同负责迎战西夏的军务。可是，一〇四一年，康定二年，也是庆历元年，韩琦不听范仲淹劝阻，固执己见，主动出击西夏，结果中了西夏的伏兵，败于六盘山的下好水川，以“宋军溃败，任福等大将战死，几乎全军覆灭”作收。

这是历史上所称“镇戎三败”的第二败，史称“好水川之战”。其实两军交战前，范仲淹对于讨伐、进攻慎之又慎，不敢稍加轻忽，因为一旦草率，几万人性命亡于一役，国家安全也会更趋险峻。战败，宋仁宗闻知后震怒，贬了韩琦、范仲淹。这是范仲淹第四次被贬谪，不过，他没有离开战场。

范仲淹等人被贬谪以后，西夏并没有停下脚步，元昊他的攻宋大计是准备十万大军兵分两路大规模直捣关中。一〇四二年，庆历二年，西夏军一路从刘燔堡出击，宋军在定川寨之战大败，九千余人几近全军覆灭，这是“镇戎三败”的第三败，史称“定川之战”。另一路的西夏军从彭阳城出发，向渭州发动攻击，胜负战局刚好相反，因为宋军之中有一位鼎鼎大名的狄青，他率军奋勇杀敌，结果西夏士兵全军覆灭。西夏军的惨败，让好大喜功的元昊开始面对国内的压力。

至于被贬谪在庆州戍边的范仲淹，一〇四二年，庆历二年，三月的一天，范仲淹密派边将率兵偷袭西夏军，夺回了庆州西北的马铺寨。接着范仲淹亲自引军出发，随行众将不知这次行动的目标，当部队快要深入西夏军防地时，他突然发令：“就地动工筑城！”因为预先工作准备完善，十天内便筑起一座新城。这便是锲入宋夏边界，那座著名的孤城“大顺城”。西夏不甘这个肉中刺，派兵来攻，却发现范仲淹以大顺城为中心，已构成堡寨呼应的坚固战略防线了。庆州北部的边防，大体接近巩固，觉得如释重负的范仲淹，想起远方正是暮春的江南，吟下：

“三月二十七，羌山始见花。将军了边事，春老未还家。”

第六爻·上六　往蹇，来硕；吉；利见大人。

“上六”是这一卦的终极，最后一个爻，要前进也没有地方可去了，只是徒然自寻烦恼，所以艰难。但是上六与九三，阴阳正应，上六得到九三的阳刚之助。所以，上六得以“反过来”追随君位高贵的“九五”，辅弼九五大人，共挽时艰，如此，上六得有丰硕的大功，当然得吉！蹇卦六爻，唯有上六得吉。这一爻，说明克服困难，应当与贤能结合。

一〇四三年，庆历三年，宋夏两国有各自的国政压力，双方已经无力再战，两国开始议和。西夏这一方，虽屡胜，所掠获的却抵偿不住战争中的消耗，多年四处征战，国库已经空空如也。北宋这一方，因为国内各地有纷起反抗朝廷的暴动与骚乱，宋仁宗急着将西线的三名统帅——夏竦、韩琦和范仲淹，一同调回京师，分别任命为最高军事机关的正副长官——枢密使、枢密副使。宋仁宗急着稳定政局，他自己亲自任命四名谏官——欧阳修、余靖、王素和蔡襄，后来号称“四谏”。

回到了开封城，到了九月，想励精图治的宋仁宗，连日催促范仲淹等人，拿出措施，改变局面。范仲淹、富弼和韩琦，连夜起草改革方案。特别是范仲淹，认真总结从政二十八年来酝酿已久的改革思想，范仲淹等人上呈《答手诏条陈十事》，提出了十项改革主张。宋仁宗和朝廷其他官员商量后，表示赞同，范仲淹任“参知政事”，参知政事相当副宰相职。于是，北宋历史上轰动一时的“庆历新政”，就在范仲淹的领导下开始了，副手是富弼，他是“庆历新政”改革主张的坚决拥护者和得力助手。

关于富弼的故事：一〇二一年，天禧五年，范仲淹在秦州西溪担任监仓盐官时，他和北宋另一位著名的政治家富弼结识。富弼当时还很年轻，才十八岁，而范仲淹则是三十三岁。他非常赏识这位青年，之后还把富弼文章推荐给好友晏殊赏鉴，同时做起媒人，晏殊欣然把女儿嫁给了这位“洛阳才子”富弼。后来，富弼成了推行“庆历新政”的副手，这是最早的缘由。

任何时代的新政改革，广度和深度，往往和它遭到的反对成正比。“宽仁少断”的宋仁宗，自己先挺不住大批守旧派的官僚们激烈抵制与掣肘，他开始动摇了，接着对于改革的兴致，已渐冷漠和淡释。一年四个月后，一〇四五年，庆历五年初，新政失败，革除弊政的苦心孤诣，到此付之流水。

扛着政治责任的范仲淹，又被贬到陕西邪州，这是第五次！韩琦对于范仲淹、富弼的贬谪，挺身而出，据理辨析，但没有结果。次年三月，韩琦也被贬出朝，罢枢密副使，以资政殿学士出知扬州，至此，主持庆历新政的主要人物全被逐出朝廷，短暂的“庆历新政”以失败告终。韩琦是位了不起的明相，这位三十岁已经被天下尊称“韩公”的政治家，以后再说说他的故事。

范仲淹第一个被贬谪到邪州，冬天寒冷的边塞，已经开始啃蚀他的健康。接着再转移到邓州，那是今天河南的南阳，气候略暖些。同时，支持范仲淹的欧阳修，也被贬去安徽的滁州，这两位历史上的大学者，相差十九岁却是至交好友，他们曾经对酌吟诗，范仲淹的《剔银灯·与欧阳公席上分题》，笑意人生地说：

昨夜因看蜀志，笑曹操孙权刘备。
用尽机关，徒劳心力，只得三分天地。
屈指细寻思，争如共，刘伶一醉。
人世都无百岁，少痴騃，老成尪悴。
只有中间，些子少年，忍把浮名牵系？
一品与千金，问白发，如何回避？

至于，另一位年轻的好友富弼，则是贬至山东的青州；滕宗谅贬黜在岳州，他是因遭人诬陷滥用公款的罪名被贬，滕宗谅是范仲淹相差一岁的好友，滕宗谅到了岳州后，对著名的“岳阳楼”进行了修缮。岳阳楼最早是三国时期东吴的鲁肃所建，因为李白的一首诗，它成了大名鼎鼎的“岳阳楼”。滕宗谅送给范仲淹一幅岳阳楼图，说明他已经把残破两百年的城楼整修完成，希望范仲淹能为文作记。

范仲淹遭到贬斥，身处逆境，仍能淡泊名利，保持独立不迁的人格，他是少数可以如此豁达的人。“贬黜”对一般人都是难以承受的痛，范仲淹了解滕宗谅的心情，一定有着“迁客”难以排解的愤闷与不快。所以，收到邀文的书信之后，同样、同时、同理心的范仲淹，他想，恰好可以藉此文记，开导谪守巴陵郡的他，希望他能寄情山水，把名利抛于脑后，体现人生从容。

岳阳楼是岳州城西门，三层高的城楼，物景开阔，下瞰洞庭湖。虽然洞庭湖范仲淹去过，不过那是年少时，跟随着继父迁官时曾经泛游湖上，领略过晴景的鲜明亮丽，“春和景明，波澜不惊”；雨景的灰暗气氛，“阴风怒号，浊浪排空”。在经历人世沧桑后，范仲淹认为这两种雨晴感受如同人生态度，但都不可取，应该“不以物喜，不以己悲”。

一〇四三年，庆历六年，五十八岁的范仲淹完成了传世名作《岳阳楼记》，当时已被罢去参知政事三年。离他的人生终点只剩六年，但范仲淹的仁人襟抱：“先天下之忧而忧，后天下之乐而乐”，却在千年后继续传颂，让人低吟不去。

回头说说，当年范仲淹尚未出生时，端拱二年，九八九年，父亲范墉正率领成德军三千名士卒，义务地对正定城内大佛寺千手千眼观音菩萨及大悲阁进行修缮。七月十五日，范墉将怀孕的夫人接来，两人跪在观音菩萨像前问卜。范墉问：“夫人腹中是儿是女？”佛答：“是儿子，一位做高官的人物。”范墉又问：“高官可否到宰相？”佛答：“否！”范墉三问：“不能做宰相治国，求佛赐儿医术，做个良医为民疗痛吧？”佛答：“还是当官保朝吧！”

接着并送两句话：“修观音菩萨阁，观音菩萨送子，生在娘生之处；建释迦牟尼殿，释迦牟尼收儿，死在爹死之所。”日后果然应验：九八九年，修建观音菩萨阁时，范仲淹于农历二十八日出生，与母亲同生在河北的高平村。一〇五二年，六十四岁的范仲淹再从青州被贬谪在徐州时，建释迦牟尼殿时溘然长逝，与父亲都死在此地。

范仲淹治家严谨，十分俭朴，死时，积蓄已尽，一家人贫困交迫，仅借官屋栖身，略避风雨。范仲淹死讯传开，朝野上下一致哀痛。包括西夏甘、凉等地的各少数民族人民，都成百成千地聚众举哀，连日斋戒。凡是他从政过的地方，老百姓纷纷为他建祠画像，更来到祠堂，像死去父亲一样痛戚哀悼。

而范仲淹的遗愿：让他与亲爱的母亲葬在一起吧！

千年后，我们重新认识了范仲淹，也认识了他的“蹇”，让我们以不同的心情，再读一次《岳阳楼记》的最后一段：

> 嗟夫！予尝求古仁人之心，或异二者之为，何哉？
> 不以物喜，不以己悲，居庙堂之高，则忧其民；
> 处江湖之远，则忧其君。是进亦忧，退亦忧；
> 然则何时而乐耶？其必曰：“先天下之忧而忧，后天下之乐而乐矣！”
> 噫！微斯人，吾谁与归！

苏东坡

自我来黄州，已过三寒食

乾震无妄

上九　无妄，行有眚，无攸利。

九五　无妄之疾，勿药有喜。

九四　可贞，无咎。

六三　无妄之灾。或系之牛，行人之得，邑人之灾。

六二　不耕获，不菑畬，则利有攸往。

初九　无妄，往吉。

谈起苏东坡，总是让人亲切而温暖地会心一笑

我访谈过许多厨师谈他们的美食烹调，我喜欢问他们食材如何选取？单项火候如何处理？工序又是如何？整体美馔的味道平衡，他们又是如何诠释？

近年，我大量阅读一些很精彩的历史人物，研究他们的童年如何度过？启蒙老师如何启发他们？到了青年时期又如何面对人生多样的抉择？在他们还没发光发热之前，是否他们也曾像厨师一样事先准备调制他的料理？如果人生像美食，食材如何选取？每项料理火候如何处理？人生如果有多味道的平衡，他们在自我养成的时候，如何定味？

苏东坡是为美食家，人生像美食，他会懂我的比喻。他谪居到黄州第二年，闲暇无事身披蓑衣学作渔夫，在江边垂钓，那些上钩的鱼儿，一过他的手，就成了桌上佳肴。就连有毒但味道鲜美无比的河豚，他也吟道："竹外桃花三两枝，春江水暖鸭先知。蒌蒿满地芦芽短，正是河豚欲上时。"蒌蒿就是生长在河滩上的一种草本植物，嫩茎可以食用。芦芽就是我们现在人称谓的芦笋。烹调河豚时，用蒌蒿和芦笋做佐料，味道十分鲜美。河豚为一种有毒的鱼，是"长江三鲜"之首，去除有毒部位后可以食用。有人问苏东坡河豚味道为何，他的答案是："据其味，真是消得一死！"值得为它死一次！

当然他不只是一位老饕、创意烹饪家、美食家，他是大诗人兼散文家，此外他还是第一流的画家和书法家，也是伟大的旅行

家和人道哲学家。古人或是今人，一提到苏东坡，像林语堂说得一样：“总是亲切而温暖地会心一笑。”

他的作品散发着生动活泼的人格特质，有顽皮，有庄重，但却永远真挚、诚恳、不自欺欺人。苏东坡写作没有理由，就是爱写，他留下了许多杂记、一千七百首诗词和八百封私人信件。今天我们欣赏他一千年前的著作，也没有别的理由，只因为他写得美、自然又典雅、轻盈又丰厚、清幽又豪迈，这些都是发自他天真无邪的心灵。

眉州苏东坡，与苏辙是四川的天才小兄弟

苏东坡的魔羯座生日：景佑三年，一〇三六年，农历十二月十九日。家乡眉州，在四川的西部，成都的西边，因西南两百里横亘的佛教名山——峨眉山而得名，苏东坡曾描述家乡是“清江入城郭，小圃生微澜”。苏东坡是家中长子，家道小康，有田地，出生的时候祖父苏序六十三岁，为人豪爽慷慨，不识字，爱喝酒，苏东坡没有遗传到他的酒量，但是却继承了对美酒的喜好。

苏东坡出生的时候，父亲苏洵二十七岁，才开始认真读书准备考取功名。苏东坡的本名苏轼，“轼”的意思是车前可以凭靠的横木，字“子瞻”，取凭轼瞻望之意。差他两岁多的弟弟苏辙，“辙”的意思是车轮经过的痕迹，字“子由”，取车迹由此而去之意。两兄弟感情甚笃，手足情深。

一天，少年苏轼带着苏辙游巫山。山上一位老道士听说小苏轼光临，便想考考这位神童。老道出了个同音异字对："无山得似巫山好。"苏轼不假思索："何叶能如荷叶圆？"老道称好。谁知，苏辙在一旁却说："兄长的下联对得还不甚工稳，不如改一改。"苏轼问："怎么改？"苏辙便念道："何水能如河水清？"苏轼和老道一听，以"水"对"山"更工稳，齐声叫好。苏辙也因改对而远近闻名，苏家有两位天才。

苏辙是散文家，文章以策论见长。苏东坡说："子由之文，词理精确，有不及吾；而体气高妙，吾所不及。"他在散文上的成就，如苏轼所说，达到了"汪洋澹泊，有一唱三叹之声，而其秀杰之气终不可没。"两人的父亲苏洵，北宋大文学家，父子三人被称为"三苏"，在历史上名列"唐宋八大家"。

小苏东坡跟母亲说："轼若为滂，母许之否乎？"

小苏东坡八岁开始上学，启蒙老师是天庆观的一位道士张易简，道家思想在苏东坡的少年时期产生过不小影响。但是，影响最深的却是母亲，八到十岁间，父亲进京赶考，落榜后，苏洵四处游历。母亲常陪他读书，一次教他《后汉书》中的一篇关于范滂的传记：

东汉末年，发生两次"党锢之祸"，贵族与士大夫对宦官乱政的现象不满，与宦官发生党争的事件，事件因宦官以"党人"罪名禁锢士人终身而得名。第二次“党锢之祸”惨烈于第一次，宦官藉灵帝诏书大诛党人。

皇上要拘捕范滂的诏书送达督邮吴导的手上，无奈的吴导到了范滂的家乡，竟然在驿站抱着诏书，趴在床上哭泣。消息被范滂听到了，说：“必为我也！”他自己主动到县署报到，“县令郭揖大惊，出解印绶，引与俱亡。”县长郭揖把官印一丢，拉引着他要一起逃亡，说：“天下大矣，子何为在此？”天下何其大，你不逃，偏偏自投罗网。

范滂回答：“滂死则祸塞，何敢以罪累君，又令老母流离乎？”我死了，这个灾难到我为止，我如何能连累你，又让我的老母亲也流离失所？范滂向母亲诀别，他说：“弟弟很孝顺，他足以供养您，我随父亲到黄泉与他相会，存亡各得其所。希望母亲大人能割除对孩儿的不舍，不要悲戚！”

范母肃穆地回答：“孩子你将如李膺、杜密一样，得到美名。这样的死，没什么好恨的！既获有美好的名声，又要求长命，怎可能两者兼得？”范滂跪拜母亲以谢受教，赴义而去。恶固然不可为，然而善亦可为乎？范滂为善，却落得如此下场，道尽了知识分子身处于乱世的两难。

小苏东坡问他的母亲说：“如果我有一天成了范滂，那母亲将如何？”母亲回答说：“你如果像范滂一样，我难道不能像范滂的母亲一样吗？”

苏东坡从结婚、殿试、母丧、守孝到第一份工作

十八岁的苏东坡结婚了，他娶了十五岁的王弗。第二年，十六岁的苏辙与十四岁的新娘拜堂。都是早婚，却不稀奇，父母的想法很简单：这样可以省掉年轻人不少择偶求爱的时间、精力和情绪纷扰。因为兄弟两人将要随父亲进京应考了，如果他们未婚进京，通过考试，一定会被有女儿的人家提亲，那些有女未嫁的京城富商，通常都会提出惊人的财政条件来求婚，苏东坡的父母于是干脆让兄弟早婚，省事！也显示他们的父母对这对小兄弟信心十足。

父子三人由陆路进京，走了两个月的时间，穿越四川北部，横过陕西的山区，抵达京城开封府的时候，已经是宋仁宗嘉祐元年五月，也是一〇五六年，他们住进佛寺的僧舍，等待秋天的考期，这是礼部的初试。兄弟两人秋试都过关后，他们继续在开封住了下来，等着明年春天皇帝的殿试。等待期间，两人没事就逛街，到知名的饭馆尝美食，有时还站在街头，顶着冷风瞻仰名臣坐车的风采。

嘉祐二年三月，苏东坡兄弟出席殿试，宋仁宗亲自出了"民监赋"、"鸾刀诗"、"重巽申命论"三道题。他览阅苏轼两兄弟的试卷，感到十分欣喜。回到后宫向曹皇后说："朕今日为子孙得二相才！"这一年苏东坡二十一岁，苏辙十八岁，他们准备开始人生的仕途，家乡却传来母亲去世了。

母亲临死前，还没听到京城的好消息。父子三人匆匆赶回四

川，古人如果父母死亡，当官者必须辞官守孝三年，称之“丁忧”，苏东坡兄弟虽未当官也必须守丧三年，其实正确时间是二十七个月，三个“九个月”象征怀胎、哺育、襁褓各九个月，孩子长大后还礼于死去的父母。

因母丧而蛰居的二十七个月，其实是苏东坡年轻时期最无忧无虑的日子，兄弟俩常带着夫人回娘家，兼踏青游庙。直到孝期已满，又过两个月后，苏洵父子再度进京，他们还带着年轻的太太和苏家的长孙——新生儿苏迈——慢慢同行。这次和上回不同了，他们的文学功名已成，官职也有保障，全家要迁居到京城，行程改由长江顺流而下，不走西北路线。他们一路饱览三峡风光，不疾不徐地沿路吟诗作词书写杂记。十月出发，次年二月才到。

王安石的新法，苏东坡站在司马光的这一边

尽管苏东坡文才熠熠，当官，他还是得从基层做起。嘉祐六年，一〇六一年，年底苏东坡得到他的第一个官职：凤翔府判官，凤翔位在陕西西部，靠近渭河。这是两兄弟第一次离别，苏辙骑着一匹瘦马在西门外相送，两人的心情复杂。苏东坡写下：“归人犹自念庭闱，今我何以慰寂寞？”

两年后，嘉祐八年，一〇六三年，宋仁宗死了，他在位四十一年。宋英宗继位，他只在位四年，期间他大力资助司马光

编撰《资治通鉴》。第六位北宋皇帝是宋神宗，这位十八岁在一〇六七年元月登基的昏君，在位十九年的期间，苏东坡不断蒙羞受难。宋神宗从小就胸怀大志，成了少年天子后踌躇满志，即位后命王安石推行新法，企图振兴北宋王朝，新法几乎涵盖社会的各个方面，惟操之过急，弊大于利。许多人都站在反对新法这边，反对派的领袖是司马光，其他的人有：韩琦、富弼、欧阳修、苏东坡和苏辙等等。

当时所有的好学者都被逐出京城，而任职“祠部员外郎”的苏东坡，因反对王安石新法而求外职，任杭州通判。他写了一些新政的抗议诗，诗句天真诚实。他的抗议诗被全国学者传阅和背诵，使得统治者的怒气完全集中在他一个人的身上。元丰二年，一〇七九年，八月苏东坡被政敌诬陷，以写诗得罪当政者，遭遇历史上著名的“乌台诗狱”。他被指称“愚弄朝廷，妄自尊大”，囚禁在京城御史台狱中，日夜审问。御史台官署内遍植柏树，又称“柏台”，柏树上常栖息许多乌鸦，又称“乌台”。

四十三岁苏东坡因“乌台诗案”入狱，这是一场文字狱，苏辙说：“何罪？独以名太高。”他上呈宋神宗《为兄轼下狱上书》，自愿降官以赎兄罪。

负责勘问的御史李定等人都欲置苏轼于死罪，依苏东坡平日书信诗文往来，构陷牵连七十余人。他自料必死，也预备自尽。审问过程中，苏轼与儿子苏迈约定，每天送饭时只有蔬菜和肉食，如果有鱼食代表他难逃死罪。一次，苏迈外出，由亲戚代为送饭，以为苏东坡爱吃鱼，没想到造成他的误会。大为惊恐的苏东坡从囚房窗口眺望远处青山，他执笔写给弟弟子由两首绝命诗：

圣主如天万物春，小臣愚暗自亡身。
百年未满先偿债，十口无归更累人。
是处青山可藏骨，他年夜雨独伤神。
与君今世为兄弟，更结来生未了因。

柏台霜气夜凄凄，风动琅珰月向低。
梦绕云山心似鹿，魂飞汤火命如鸡。
额中犀角真君子，身后牛衣愧老妻。
百岁神游定何处？桐乡应在浙江西。

子由，来生再做兄弟吧！诗作完成后，狱吏按照规矩，将诗篇呈交皇帝。宋神宗虽然恼火苏东坡，并没有将其处死的意思，只是想借此挫挫苏轼的锐气。读到这两首绝命诗，感动之余，也不禁为如此才华所折服。加上当朝多人为苏轼求情，王安石也劝神宗说："圣朝不宜诛名士。"遂下令对苏轼从轻发落，贬其为黄州团练副使。

在易经有一卦《无妄》，说的是"合乎正道，心安理得"的道理，无妄乃"至诚不伪"不妄为。人如果至诚，其动以天理而不以私欲，则天道畅行；人如果不伪，则言行举止莫不发乎天理的本然。如此而行，即可与天地合德，所以无妄有大通之道。简单地说：不虚伪，是天理人道。苏东坡具多面性天才的丰富感、变化感和幽默感，智能优异，心灵却像天真的小孩，如此的无邪魅力，永远教他的太太或者爱他的人操心。而苏东坡有他自己的人生功课要做！

《无妄》卦六爻彼此有应有不应，初九与九四不正应，一往吉，一无咎；六二与九五正应，一是无妄之疾，一是未富；九三与上九正应，一是无妄之灾，一是穷之灾。

从《易经·无妄》看四十四岁的苏东坡，如何在黄州面对无妄之灾

乾

震

上九　无妄，行有眚，无攸利。

九五　无妄之疾，勿药有喜。

九四　可贞，无咎。

六三　无妄之灾，或系之牛，行人之得，邑人之灾。

六二　不耕获，不菑畲，则利有攸往。

初九　无妄，往吉。

《无妄》卦，上卦乾天，下卦震雷，卦象就是天下雷声震响，喻示万物敬畏都“不妄为”，全卦指出凡事物均不妄为的道理，以及置身“无妄”之时的某些规律。

第一爻·初九　无妄，往吉。

初九以刚居阳，当位得正，所应的九四爻也是刚，纯阳不杂，没有“私系之失”，实而不妄，不好高骛远，做事脚踏实地，依天道而行自然得吉，如果不往而有不吉之虑。这就是说“初”则当行，“终”则当止，行止适当则无妄。无妄之初，往，有吉；无妄之终则当止，所以上九有“行有眚，无攸利”之诫。

元丰二年，一〇八〇年，冬至过后，苏东坡在狱中收到命令，他被贬居到汉口附近的黄州。他获得团练副使的小官职，同时被“限住”该区，不能随便离开，也无权签署公文。至于弟弟苏辙，因为兄弟关系，他也被调降到高安，任职筠州监酒，那是个监督造酒的官吏。筠州位于江西省中部与苏东坡被限居的黄州，大约相距二百多公里。其他的朋友各有程度不同的处罚，像是司马光与其他十八位朋友被罚了二十斤铜。

除夕当天，苏东坡出狱了，他在牢中关了一百三十二天。走出牢门，吸了一大口空气，微风拂面。那天晚上他还是写了两首诗，说他自己“却对酒杯浑似梦”“试拈诗笔已如神”，然后大笑自己无药可救。第二天，大年初一，四十四岁的他与二十一岁的长子苏迈二人动身前往谪居的黄州。其他家人交给子由照管，日后才到黄州会合。

二月初一，苏东坡父子抵达黄州，那是汉口下游的河边小镇。他死里逃生，心魂震撼未平，思考着生命的真谛，他说他的生命像旋风中的羽毛，也思考着自己的个性，研究如何得到心灵的平安。“安国寺，有茂林修竹，陂池亭树。间一二日辄往焚香默坐，深自省察，则物我相忘，身心皆空。”他回信给普通朋友说了一些政治正确的场面话，也说：“黄州僻陋多雨，气象昏昏也……自余杜门不出，闲居未免看书，惟佛经以遣日，不复近笔砚矣。”闭门思过读佛经，充满忏悔的日子。可是，他真的想改过吗？

约两个月后，家人们也平安到达，一家子暂居在安国寺，那是离长江有一段路程的小山边。不久，身边就有不少朋友，当地与邻近的太守常约他喝酒。独自时，如果雨天睡得很晚，傍晚则到东山脚访游寺庙；当有朋友来访时，大伙相偕到长江两岸多树的山区旅行。游寺、访僧、交友，一直是他生活中的乐事。他写给被牵连而谪居在西南边区的王巩好友：“某近颇知养生，亦自觉薄有所得……兼画得寒林墨竹已入神矣，行草尤工，只是诗笔殊退也，不知何故？”画竹、行书、草书已经出神入化，自得其乐的苏东坡“私窃乐之”。

黄州陈轼太守对苏东坡一家人礼遇有加，当其他士大夫畏惧牵累，他却表示要与苏东坡共患难，安排他们改住临皋亭，那是官方人员行走长江水路休憩的驿站宿舍。苏东坡的信件说：“寓居去江无十步，风涛烟雨，晓夕百变，江南诸山在几席，此幸未始有也。”其实也没那么漂亮，只是心情舒展，风华美韵大多出自苏东坡快乐的想象。

第二爻·六二　不耕获，不菑畬，则利有攸往。

菑，田作一岁，垦而方成者；畬，田作三岁，垦而成熟者。六二以柔居阴，又位在震卦的中位，同时上应九五，主上往。但是身处无妄之时，六二还没“耕”就开始计算“获”之利，还没“菑”就开始计算“畬”之利，如此有所为而为，就是计较功利的私心，有这样的心思称之“妄”。结论是：自始至终绝无计功谋利之心，谋有分外奢想，一切听其自然不强求，不想不耕耘就会有收获的事，就可以“利有攸往”。

苏东坡开始忧心钱花完后，他们要如何过日子。他建立一套开资预算法，力行节约，在写给秦观的信：“……初到黄，廪入既绝，人口不少，私甚忧之。但痛自节省，日用不得过百五十。每月朔，便取四千五百钱，断为三十块，挂屋梁上。平日用画叉挑取一块，即藏之。钱仍以大竹筒别贮，用不尽以待宾客……度囊中尚可之一岁有余……”。省着用，家中经济还可以撑个一年。

天晴时，苏东坡穿着紫色长袍，头戴高筒短边黑帽，脚踩草鞋，雇一艘小舟出门，有时看看对岸美丽的山峰，与渔夫和樵夫闲话一天。有时乘着小舟到邻村的酒店，他发现村酒还挺不错的，其间常被醉汉推挤谩骂，不过，他倒是怡然自得，“自喜渐不为人识”。苏东坡至黄州后酒量大增，“吾少年望见酒盏而醉，今亦能三蕉叶矣。”他会买些当地的橘子、柿子和长山芋回家，水上运费便宜，一斗米只要二十钱，羊肉媲美北方的猪肉和牛肉，兔肉很便宜，鱼蟹几乎不要钱。

爱吃肉的苏东坡写了《猪肉颂》："净洗锅，少着水，柴头罨烟焰不起。待它自熟莫催它，火候足时它自美。黄州好猪肉，价贱如泥土。富者不肯吃，贫者不解煮。早晨起来打两碗，饱得自家君莫管。"这就是著名的流传千年的"东坡肉"，以小火慢煨而成的红烧肉，色泽红润，汤质稠浓，味道醇厚。

苏东坡的七律《初到黄州》："自笑平生为口忙，老来事业转荒唐。长江绕郭知鱼美，好竹连山觉笋香。逐客不妨员外置，诗人例作水曹郎。只惭无补丝毫事，尚费官家压酒囊。"鱼美笋香肉红艳，酒饱菜足人潇洒。据说苏东坡对于自己的创意料理"竹笋焖肉"有诗："无竹令人俗，无肉令人瘦。不俗又不瘦，竹笋焖猪肉。"面对逆境，苏东坡以平静、旷达的态度对待之。

年底，好友穷秀才马正卿，想方设法为他筹钱购得黄州城东在小山边的废地数十亩。元丰四年，一〇八一年，春初，苏东坡来黄州正好满一年，他变成地地道道的农夫，开始在东坡耕田。建筑是苏东坡的本能，他为自己造一个舒舒服服的家，山边最高处建有一间三房的小屋，俯瞰下方的亭台，亭台旁有一座在文学历史上大名鼎鼎的"雪堂"书房，那是在二月雪中盖成的，因此得名，这里成了他待客的地方。

不久，刚二十二岁的米芾来访，这位未来的大书法家，远从江苏镇江来向他求教书法。苏东坡劝其学晋，之后米芾潜心魏晋，以晋人书风为指归，寻访了不少晋人法帖，连其书斋也取名"宝晋斋”。之后的历史是：米芾成就了苏、黄、米、蔡“宋四书家”第三，首席是苏东坡。

苏东坡在雪堂东侧亲手种了一株大柳树，青翠依依，再过去一点有一口小井，泉水冷冽，水井下方是稻田和麦田，田的北方有一排桑树，为眼前的蔬菜园和果园挡掉北方寒风。苏东坡还把邻人送的茶树也种在农场，偶尔到西邻茂密的竹林乘凉睡午觉。

他答信给友人，自述：“去年东坡舍瓦砾，自种黄桑三百尺。今年刈草盖雪堂，日炙风吹面如墨。”从此，他自号“东坡居士”，就是后人称他“苏东坡”的由来。其实他早就想归隐山林，只是没想到被迫如此这般当上了农夫。拿笔的手，现在拿着锄头躬耕，被晒黑的皮肤“如墨”，诗人的心思摆在农务上：“地既久荒，为茨棘瓦砾之场，而岁又大旱，垦辟之劳，筋力殆尽，释耒而叹，乃作是诗，自愍其勤，庶几来岁之入，以忘其劳焉。”

当然，他在黄州多了许多邻居好友，有当酒监的，还有药师和郎中、农夫，其中还有一位嗓门大、性情跋扈、晚上常和先生吵架“如猪嘶狗嗥”的农妇。特别地，还有一位他弟弟介绍来的流浪老道士乔仝，听说已有一百二十七岁，对长生秘诀颇感兴趣的苏东坡，强烈邀求他留下来长住，老道士遂成了家中的一员。

第三爻·六三　无妄之灾。或系之牛，行人之得，邑人之灾。

“无妄之灾”，就是没有缘故而有灾。六三以柔居阳，失中不正，与上九有应，又处震卦之极，乃多欲想动，但弗能行天道者，称之“妄”大。所以六三这样的妄大，身处无妄之时，纵无过眚，灾也后随而来。像是拴系在乡邑村里的牛只，本来是很自然的事，但缰绳脱系，牛只为行人所得，导致乡邑的人被疑有偷牛的嫌疑，蒙受不白之冤。

苏东坡在这样的乡间过日子，他觉得自己愈来愈像陶渊明了。陶渊明又名陶潜，魏晋南北朝人，自号“五柳先生”，不为“五斗米折腰”罢官而去，成了田园诗人，过着“种豆南山下，草盛豆苗稀”的日子。苏东坡写了一首诗，说他的前生一定是陶潜。好消息，这一年春天大麦丰收，苏东坡把麦春净后配上小豆蒸煮成饭，大麦微红，小豆赤红，苏东坡夫人称它“新样二红饭”，嚼着这种饭时啧啧有声，孩子们戏称说在嚼虱子。

他常夜游，写下的诗词歌谣，虽然偏远在黄州，可是作品依然快速传遍开封京城，因为他已成了北宋文学闲话中心。有一次，苏东坡也在江上小船喝酒，微醺，晚上星夜很美，他灵感大发：

夜饮东坡醒复醉，归来仿佛三更。
家童鼻息已雷鸣，敲门都不应，倚杖听江声。
长恨此身非我有，何时忘却营营？
夜阑风静縠纹平，小舟从此逝，江海寄余生。

第二天早上，歌词便已传遍黄州全城，因为其中“小舟从此逝，江海寄余生”的字句，坊间谣言纷起，说苏东坡写了这首江畔告别诗，把官帽官服挂在江边树上，就乘船长啸而去。黄州太守也听说了，一身冷汗直流，他又怕又惊，虽然与苏东坡私交甚好，但他有职责不让苏东坡径自离开黄州。他急急到了雪堂，发现苏东坡尚在梦中，鼾声如雷。最后这个谣言也传到了开封府，连宋神宗都听到了。

关于他的谣言屡屡传到京城，有一次更严重的谣言还搅得沸沸扬扬：苏东坡的手臂患有风湿，加上眼疾导致右眼视力受到影响，他一连闭门数月，谁也没看到他，平常是“中年过动儿”的苏东坡不见了，这时臆测四起。同时间，唐宋八大家之一的曾巩，就是那位同时与苏东坡进士考试时，主考官欧阳修以为所阅读的卷子是三十九岁的曾巩——他的学生——而非二十岁苏东坡，为了避嫌，结果害苏东坡与状元擦身而过的那位散文大师，在江宁府去世。

坊间传说：苏东坡和曾巩同一天被玉皇上帝召回天庭。宋神宗在宫中听到了传闻，就急切切地找一位与苏东坡有亲戚关系的大官查证，这位大官说他也听说了，不知真相如何？正在吃饭的皇上，难过地一口也吃不下去，叹气说：“才难！”就离开餐桌。

范镇，与司马光私交甚好的范镇，在文学和史学方面成就卓著，苏东坡评论："其文清丽简远，学者以为师法。"范镇他也听到谣言了，痛哭失声，叫家人送奠仪到苏家。念头一转，范镇决定先请一位朋友到黄州探视，才了解所传不实，原来是数月闭门不出，没人看见东坡先生的身影，才有此谣言。苏东坡回信给范镇说："平生所得毁誉，皆此类也！"这是苏东坡一生都在面对的"无妄之灾"。而这样的困扰，在黄州的田园日子，他转换成光辉、温暖、亲切、宽容、大度的幽默感。一位熠熠文学大师于焉养成，绝对醇美，完全成熟。

第四爻・九四　可贞，无咎。

九四以刚居阳，初九也是刚阳，两者皆是"实而不妄"，但不相应。初九居震体，处震之初，动之始，行其所当行，所以"往吉"。九四刚健已入乾体，非无妄之初，又与初九不应，止其所当止，应该固守不动，坚守不虚为的正道，能大公无私，善尽职责，才可"无咎"，故曰"可贞"。

林语堂说："这位慷慨的天才对世人的贡献，远超过他从世上收取的一切，他到处捕捉诗意的片刻，化为永恒，使我们大家都充实不少。"在黄州的半拘禁半劳役的日子，苏东坡倒是过得挺快活的。

黄州是贫瘠的小镇，寻常的长江沿岸庶民生活空间。苏东坡屯垦农田，衣食无缺，他每天享受着万缕闲情、山野风光、月光村酒。苏东坡居住在农庄雪堂，也常落脚在城内的临皋亭，往返两地不到一公里，这一条脏泥小路成了历史上最受歌颂的黄土路，过了城内小店，到了黄泥坂，再前就通往绿树绿竹的山麓。农忙之余，他常路过黄泥坂到城内小酌，醉酒，就径自睡在路旁草地，露水沾湿了衣裳，月亮高挂，老农夫恐牛羊踩踏到他，把他呼醒，苏东坡才摇摇摆摆地回家。

元丰五年，一〇八二年，三月初寒食节，苏东坡写下了一首遣兴独白的诗作，表达了他的人生之叹。诗意苍凉，道尽了他惆怅孤独的心情。这下笔的《寒食帖》是他平生最得意的行书作品之一，被后人称为“苏书第一”，目前书法作品收藏于台北故宫博物院，是镇院之宝。

自我来黄州，已过三寒食。年年欲惜春，春去不容惜。
今年又苦雨，与月秋萧瑟。卧闻海棠花，泥污燕支雪。
闇中偷负去，夜半真有力。何殊病少年，病起须已白。
春江欲入户，雨势来不已。小屋如渔舟，蒙蒙水云里。
空庖煮寒菜，破灶烧湿苇。哪知是寒食，但见乌衔纸。
君门深九重，坟墓在万里。也拟哭涂穷，死灰吹不起。

几天后，他又写下《定风波》：“三月七日沙湖道中遇雨，雨具先去，同行皆狼狈，余不觉。已而遂晴，故作此。”那天遇到下雨，雨具已被他人先行携去，同行朋友因雨淋狼狈不堪，我却不觉得。不久就放晴了，所以写下这首词。苏东坡在偶起的落寞情怀后，仍有其坦然乐观的豁达。因此虽写着的是眼前景，说的尽是心中事：

> 莫听穿林打叶声，何妨吟啸且徐行。
> 竹杖芒鞋轻胜马，谁怕！一蓑烟雨任平生。
> 料峭春风吹酒醒，微冷，山头斜照却相迎。
> 回首向来萧瑟处，归去，也无风雨也无晴。

苏东坡回头看看自己人生一路走来的风风雨雨，落寞寒凉。风雨，谁怕？穿林打叶的雨声，不听！春风微冷，迎上去！任何风雨不再是风雨，自然也就不在意所谓的阴晴圆缺。只有自在本然的我，才是来去无碍的我。

第五爻・九五　无妄之疾，勿药有喜。

> 九五位居尊位，以刚居阳，中正，而其所下应者亦中正，以柔居阴，两两正应，这一切都是“不妄为”的极致，处在最有利的地位，具备如此德性，自然不会虚伪。所以，如果有疾，勿以药治之，因为无妄之疾，不足患也，它自己会痊愈，一切都会顺利，而且有喜！若自己仍想动手治疾，则是无妄变成有妄。九五既处无妄之极，诫之“勿动！”动则妄矣！

元丰五年，一〇八二年，在黄州的第三年，一切激情与愤怒都过去了，苏东坡已经澹泊了许多，“淡而有味”地爱上这里，这是他创作力旺盛的一年，先后写下三篇赤壁咏叹巨作：短词《念奴娇．赤壁怀古》和两篇夜月的前后《赤壁赋》。

当然，除了爱月爱酒爱往外跑之外，他也有低沉的人生感慨，他问朋友说：“记不记得赤壁下的历史？”四十六岁的苏东坡自己对照二十四岁经略中原的周瑜，感怀自己“多睡善饭，贤愚相远如此。”写下了经典《念奴娇》：“大江东去，浪淘尽、千古风流人物……遥想公瑾当年，小乔初嫁了，雄姿英发。羽扇纶巾，谈笑间，樯橹灰飞烟灭。故国神游，多情应笑我，早生华发，人生如梦，一尊还酹江月。”

七月仲夏夜，清风徐来，水波不兴。苏东坡与僧友杨世昌等人秉烛夜游，喝酒吟唱中，月亮从东山升起，徘徊在北斗星与天牛星之间。白雾笼罩着江面，水色与月光连成一片。他们的小舟在雾气茫茫的大江，仿佛乘风航行于空中。他们开始吟唱，轻敲船舷打着拍子：“桂棹兮兰桨，击空明兮溯流光。渺渺兮予怀，望美人兮天一方。”

笛声如怨如慕，如泣如诉。苏东坡问友人这曲子为何如此悲哀？朋友回答着千年的赤壁之战，这里有曹操战舰如林，旌旗蔽空，也是诗人的曹操吟唱着：“月明星稀，乌鹊南飞”，而今安在哉？苏东坡安慰着友人说世间事如流水般，虽不断流逝，却不曾真正的流逝。月亮虽然有圆缺，但终究是没有任何的增减消长。万物与我们一样都是无穷尽的，而又何羡乎？

“江上之清风，与山间之明月，耳得之而为声，目遇之而成色。取之无禁，用之不竭，是造物者之无尽藏也。而吾与子之所共适。”干杯，我们共享吧！

过了三个月，苏东坡又写了《后赤壁赋》。一样的满月，他与两位朋友从雪堂要去临皋亭，黄坂路上已有白霜，路旁的树木只剩枯枝，地上人影清晰，他们才惊觉明月皎洁，“有客无酒，有酒无肴，月白风清，如此良夜何？”备好酒与鱼，他们又乘船去赤壁，“江流有声，断岸千尺；山高月小，水落石出。”苏东坡兴致勃勃地邀朋友登上赤壁水岸，朋友不肯，他自己跳上石矶，撩着衣服，绕过一些矮树和荆棘，到了崖顶，对着夜空长啸，回声应鸣，风起水涌。回到舟上，任船只随风漂泊。正当午夜，有只孤鹤横江东来，戛然长鸣，飞越小舟向西而去。不久，大家各自回家。

夜晚，苏东坡梦见一位身穿羽衣的道士，问他赤壁之游如何？苏东坡问他姓名，不答。苏东坡接着说我知道了：“畴昔之夜，飞鸣而过我者，非子也耶？”你就是飞越过江船的孤鹤！道士笑笑不语。苏东坡惊醒，开门看看，眼前只是空空的街道，没有人影。

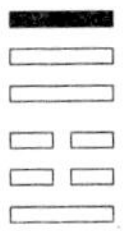

第六爻 · 上九　无妄，行有眚，无攸利。

眚，过失，自己引起的灾难。上九以阳刚而处《无妄》的顶点，象征路途已穷极，如果继续逞强前行，则物极必反，有害无利，“无妄之行，穷之灾也”。所以，上九之行，则有过眚而无所利。结论：上九所行不正，往则妄矣。白话：如果想走，则是“有心思的”打算了，念头一动，往前将会有些小灾小难。

元丰五年，一〇八三年，十二月十九日，长江岸边赤壁矶下，一阵高亢的笛声，有人和着拊掌击节，曲毕，众声叫好。有人提议：“来！让我们浮一大白！”说话的是苏东坡，举杯的有吹笛者，他是进士李委；还有苏东坡在黄州新结识的朋友郭遘、古耕道。四只酒杯在空中互碰：“祝学士健康长寿！”原来是好友们在苏东坡最喜欢的地方摆酒，帮他庆生。

除了郭遘、古耕道还有一位潘丙，三位是苏东坡的当地新友，郭遘在西市卖药为业，潘丙开设一爿酒店，古耕道则是清贫无业。他们除了“帮忙”也“帮闲”，一起干活，一起吃饭，又常给苏东坡消愁解闷。在黄州的这些年，生活艰苦，日子显得漫长，所以患难之交更加难得。

元丰七年，一〇八四年，三月三日，苏东坡与一群朋友在安国寺的后山过上巳节，顺便踏青悠游一番，小酌后苏东坡到一座塔顶睡了一会。睡罢，大伙踱出东门，看到有人贩卖大木盆，苏东坡买了下来准备浇瓜用。路过邻家竹林，他们受邀，大家又登访喝酒，吃了一些面食，苏东坡还要了几株橘子树苗要种在雪堂西侧。

两天后，苏东坡调职的诏令来了，皇上要把他谪居地由黄州移到汝州，汝州近开封京城，是一座美丽的城市，也是居住的好地方。他犹疑了好几天，思考该不该申请留居黄州，“旅食三年已是家”。后来想到这是皇上示出的好意，他不能拒绝，他必须离开黄州。而最割舍不下的是他躬耕的东坡和五间自建的草房，还有几年前去世的乳母坟茔。于是，他把东坡庄园委托黄州好友潘丙照顾，雪堂则让潘丙的两位侄儿潘大临、潘大观居住，他们的名字取自《易经》的卦名，这两人也是跟从苏东坡学诗的学生。

潘丙自家的草庐有苏东坡题额“亦颜斋”，他在农耕之余以自娱自喜的心情开卷阅读，还被苏东坡称赞“最有文行”，“亦颜”的意思就是“我们也是颜回”。颜回是孔子最得意的门生，一箪食，一瓢饮，居住在简陋的里巷中，“回也，不改其志！”可见苏东坡多么信任潘丙。之后，苏东坡常写信感谢潘丙细心修整东坡农庄，也感激他留意乳母任氏的坟茔。

苏东坡上表感谢皇上，宋神宗看看四周的朝臣说：“苏轼真是天才！”他对苏东坡的顺从表态，满意极了。苏东坡花了好几个礼拜准备迁居，他决定先到高安看看弟弟子由。行前，当地的大官都来为他饯行，朋友们请他题字，他也一一照办。

四月初一，在朋友与邻居的告别宴中，他写下《满庭芳．归去来兮》，前段是说当年陶渊明高唱“归去来兮”，他也有归隐之志，无奈移居汝州是不可抗拒的君命，心中尽是怅然欲归不得，接着笔锋一转，撇开满腔愁思，抒发在黄州多年的深厚情谊，楚语吴歌，嫣然在耳，鸡豚社酒，宛然在目；后段则进一步将宦途失意之怀与留恋黄州之意对写：

归去来兮，吾归何处？万里家在岷峨。
百年强半，来日苦无多。
坐见黄州再闰，儿童尽、楚语吴歌。
山中友，鸡豚社酒，相劝老东坡。
云何，当此去，人生底事，来往如梭。
待闲看秋风，洛水清波。
好在堂前细柳，应念我，莫剪柔柯。
仍传语，江南父老，时与晒渔蓑。

有十九个邻居好友搭乘江船送他一段路，岸边站满知交和陌生人，有仕绅、有农夫、有抱小孩的贫家父母。十九个人陪同送他到慈湖，大家又盘旋了几天，才依依不舍分手离去。倒是有三位朋友，继续一路陪他到九江与苏东坡家人会合，其一是好友陈慥，其二是参寥和尚，第三位是那位百年道士乔仝，那时他应该是一百三十岁了。

去看子由前，苏东坡与参寥和尚等人先到著名的庐山一游，东林寺几百个僧人兴奋地说："苏子瞻来了！"他写下三首关于庐山的诗，其中一首成了经典："横看成岭侧成峰，远近高低各不同。不识庐山真面目，只缘身在此山中。"之后，到了弟弟住处，两兄弟四年不见了，长聊了七天。苏东坡再到九江与等待多日的家人会合，然后一起下长江，九月转到南都——以前范仲淹读书的应天府——拜访已经退休的王安石。两位大诗人见了面，谈诗论佛。一次谈话中苏东坡责备王安石的新政招来灾祸，迫害学者。苏东坡肃穆正色说道："我有话要问你！"

"你要谈往事？"王安石脸色一沉。苏东坡回说："不！我要谈国事！”已经是疲惫的病老头王安石，静下来低沉地说：“请！”

接着到了美丽的江苏，苏东坡忖度皇上既然肯把他从黄州调到他处，那这里多美景的湖泊区，皇上应该也会同意吧！他开始寻找晚年养老的所在，各地的朋友热心提供意见：僧友佛印建议扬州，范镇说到许下与他为邻，密友滕元发劝他到太湖左岸……他自己则心仪一座美丽的松林。就这样，苏东坡东飘西荡了近一年，中间他上表两次给皇上，说他“举家病重，一子丧亡”，“去汝尚远，难于路行，无屋可居，无田可食。二十余口不知所归，饥寒之忧近在朝夕”。请求皇上让他能迁住在常州湖泊区，“欲望圣慈许于常州居住……”

等待宋神宗的批准前，一家子只得慢慢前往汝州。元丰八年，一〇八五年，这个中间，三十八岁的宋神宗病了，三月五日皇帝死了。而摄政的皇太后竟然在三月六日——皇上死后第二天降旨，准他居住常州宜兴县，苏东坡乐观地以为他可以在此定居一生了，“十年归梦寄西风，此去真为田舍翁”。苏东坡一家折返回到宜兴，准备当个养老种田农。

没想到快乐不到两个月，复官消息传来，苏东坡被任命为登州太守。五十岁那一年，苏东坡赴登州上任，才五天的光阴，任命“礼部郎中”的诏书到了，朝廷要他奉命进京。就在登州期间，他收到潘丙等人的来信，但是，一家子赶着上路，等抵达了开封赴任礼部，苏东坡立即回信，其中给黄州太守的诗文中，提到有他一直眷恋着那里的旧友和东坡雪堂：

居士，居士，莫忘小桥流水。

当林语堂在《苏东坡传．序文》中提到为其作传的理由时，他说：“像苏东坡这样富有创造力，这样守正不阿，这样放任不羁，这样令人万分倾倒而又望尘莫及的高士，有他的作品摆在书架上，就令人觉得有了丰富的精神食粮。现在我能专心致力写他这本传记，自然是一大乐事，此外还需要什么别的理由吗？”

当然，苏东坡尔后仍有许多荣耀与迫害等着他，尤其五十九岁之时，谪居岭南，他成了惠州的平民。六十二岁，他又被迫路过雷州半岛，跨海贬居到海南岛——儋州——苏东坡称之“天涯海角”的地方，苏东坡以为他的生命终站就在此地。三年后，六十五岁的他获赦得以离开儋州。在前往常州家中的路上，当抵达广州，苏东坡写道：

仿佛大梦初醒。

郭子仪

臣德薄蝉翼，命轻鸿毛

震
离
丰

上六　丰其屋，蔀其家，窥其户，阒其无人，三岁不觌，凶。

六五　来章，有庆誉，吉。

九四　丰其蔀，日中见斗。遇其夷主，吉。

九三　丰其沛，日中见沫，折其右肱，无咎。

六二　丰其蔀，日中见斗。往得疑疾，有孚发若，吉。

初九　遇其配主，虽旬无咎；往有尚。

从京剧《醉打金枝》认识郭子仪的“汾阳富贵”

我以前看过一出京戏《醉打金枝》，讲的是郭子仪八旬大寿时，七子八婿全部携家带眷前去拜寿，只有六子郭暖之妻升平公主恃贵不至，郭暖心下愧忿，带着酒意回去怒打金枝玉叶的公主。公主回宫哭诉于父皇，引发了一场皇室姻亲的家庭纠纷。皇上假意要斩杀驸马爷，逞性的公主听到父皇的决定，反而惊慌了起来，赶紧向母后求救。

当和事佬的皇后，在剧中唱道：“头戴上翡翠双凤齐”、“年轻人一时火性起”、“万岁莫要动真气”，最后“走上前来扯龙衣”要皇上不要生气。

另一方面，郭子仪亲自捆缚其子上殿请罪，唐代宗笑笑跟郭子仪说道：“不痴不聋，不作阿家翁。儿女琐屑事，何必问？”非但不加责罚，反而转过头温语相慰公主消除前隙，要求她尽为人媳为人妻之责，还给郭暖升官晋阶。最后，在代宗和皇后的共同劝解下，公主头低撒娇，小夫妻重归于好。

此剧不但将一场颇具政治色彩的风波，纯粹作为一场家庭纠纷来处理，而且，最后解决问题的并不是皇帝的“圣谕”，而是岳母娘对女婿、女儿讲述家常情理的一番体己话。那一番话又成为全剧中最受观众欢迎的一个大唱段——当这位皇后最后唱到“尘世上家家户户都是一样的”，两手向观众一摊，观众们便立刻想到自己家里也有这么一本“难念的经”，通常都会为这位如此通情达理的皇后鼓起掌来。

此京剧的《醉打金枝》源自晋剧《打金枝》，此剧又称《汾阳富贵》、《福寿山》、《百寿图》，该剧全名称之为《满床笏》。剧名称“满床笏”，讲的是郭子仪出将入相，既富贵又寿考，七子八婿，皆为朝廷显官，手中皆有笏板。郭子仪做寿那天的家宴，家人拜寿时，把“笏”搁放在床台上，竟致堆满。“笏”是古时候官员们上朝廷面对皇上时，所持象牙（一品到五品官）或木片（六品到九品官，槐木材质）制作的板子，用来记事。成语“满床牙笏”指地位煊赫，家中权贵极多。

《红楼梦》里贾府唱酬神戏，贾老太太因拈着了《满床笏》这出戏而喜出望外。她为何这么高兴？这是明清两代官场到民间的重头戏，因为郭子仪一生多子多孙，八十五岁寿终，后代繁衍，安居乐业，富贵寿考，冠绝古今。《满床笏》这一典故被用来借喻家门福禄昌盛、富贵寿考。旧时民间有钱人家，总要把郭子仪的画像悬挂中堂，称作“天官图”以祈全福全寿。

郭子仪这位中唐名将到底发生什么事？有此令后人称羡的结局。

十九岁死罪的郭子仪与李白的一段机缘

郭子仪华州郑县人，祖籍是山西汾阳。出生时，正逢唐朝武则天当政时，神功元年，六九七年，十二月十二日魔羯座。父亲郭敬之，长期担任各地的刺史。关于郭子仪的幼年生活，史书记载甚少，只知道他少年就仪表出众，《旧唐书》上就说他“体貌秀杰”，少而美秀，长而瑰伟。为人也是品性优良，质朴正直，孝顺父母，宽以待人。

唐玄宗登基于七一二年，那时郭子仪十六岁，之后有近三十年的唐朝“开元盛世”，郭子仪就在盛唐时代成长。他素有大志，“居常以经济自命”。这里的“经济”是指“经世济民”之意。

早年，郭子仪原是陇西节度使哥舒翰麾下的一名小偏将。因奉军令，查视余下的兵粮，却被手下人失火把粮米烧了，依军法规定：应罪及主管，并就地正法。青年郭子仪被一伙军夫押入囚车，准备前往刑场。

当时李白被唐玄宗敕赐为“闲散逍遥学士”，他的工作就是游山玩水，在太原时，正好见到经过的囚车，里面的汉子仪容甚伟、相貌堂堂。心想：“这个人仪表堂堂，正是为朝廷有用之人才，国家之柱石，岂容轻杀。”根据《隋唐演义》书里对郭子仪当时的外貌描述：“头如圆斗，鬓发蓬蓬；面似方盆，目光闪闪。身遭束缚，若站起长约丈余；手被拘挛，倘辞开大应尺许。仪容甚伟，未知何故作困国。相貌非常，可卜他年为大物。”

李白拦下囚车和郭子仪交谈后，知道确实是大将之才，取得名将哥舒翰同意暂时拘禁，同时飞书奏请皇上圣裁：“请圣上留有用之才，为国效力。”果然，唐玄宗准学士李白所奏：“赦郭子仪之罪，许其日后将功赎罪，唯烧毁军粮的部属，应依法处斩。”

大难不死的郭子仪，感激李白活命之恩，誓将衔环图报。留下有用之身，他参与了朝廷举办的武举考试。那一年是开元四年，七一六年，郭子仪刚好二十岁。

武则天称帝后，很重视人才的选拔与任用，发展和完备了隋朝以来的科举制度，她让中下阶层的“寒士”有机会通过考试获取功名利禄。她首创殿试和武举考试，于长安二年，七〇二年开始推行。其目的是选拔军事人才，相对于文科考试，中武举者称为武举人，武举第一名称为“武状元”。郭子仪中了武举，从而改变了自己的命运，也改变了唐朝的命运。章回小说告一小段落时，总要说上一些诗句，请看下回分解：

若不遇识人学士，险送却落难英雄。喜今日幸邀宽典，看他年独建奇功。

从武举之后，郭子仪的军旅生涯已经有四十年了

武举后有十年的时间，青年郭子仪从小军官“左卫长史”从九品，逐渐升到军府长官“左卫长史”正五品。开元十五年，七二七年，三十一岁的郭子仪离开京城长安，踏上漫长的戍边旅程。他先在桂州任职，那是今天广西桂林的地方，偏远的岭南距长安有四千里路程，对北方人而言那里可是湿热难耐！

在桂州五年后，开元二十年，七三二年，三十六岁的郭子仪被调往沙漠浩瀚、干旱少雨的西域地区任职，就是现在的新疆地区。安西与北庭两“都护府”控制着天山南北两路，那是唐朝西北边疆的门户，也是当年唐太宗打下来的国家疆域，管辖的区域

非常辽阔，东起玉门关，西到中亚的死海地区。此期间，郭子仪很忙，他协助都护长官抚辑诸番、征讨叛离、训练士兵、督理屯田。他渐渐锻炼出沙场指挥的军事能力，也成了边务练达的军事高官。

又是五年后，开元二十五年，七三七年，四十一岁的郭子仪奉调到京畿北边的关内道，任职“朔方节度副使”，再升到右威卫将军，这是从三品的官职。之后十年他几乎都戍守在“朔方镇”，这是长安的西北方大门，主要是防御突厥族为首的游牧民族。长期镇抚边疆的郭子仪，他对游牧民族骁勇善战、狂放不羁的民族性格，敬重义气、喜结盟誓的淳朴风尚，有着深刻感受。直到“安史之乱”发生，郭子仪的军旅生涯已经有四十年了。

唐朝由盛而衰的转折点：“安史之乱”，起因，有机会说说其他人物时，再细谈。唐玄宗的天宝十四年，七五五年，蓄谋已久的幽州“范阳节度使”安禄山起兵造反了，号称二十万联军如潮水般南下，很快攻占了东都洛阳，安禄山自称“大燕皇帝”，唐玄宗带着杨贵妃奔向四川，长安陷入了一片惊恐之中。当时郭子仪已经五十九岁了，太平盛世太久了，武将都凋零在承平的岁月之中，这时只有靠老将撑起将倾的唐朝大厦。

年近六十的郭子仪临危受命，成为“朔方节度使”，朔方在今宁夏灵武西南，与训练有素的叛军开始展开了艰苦卓绝的较量。所谓“节度使”，唐朝驻守各道的武将称为“都督”，都督带有“符节”者的称之“节度使”，不带者不称。符节，允许其代行天子军政职权的凭证与象征。

面对国家大灾难“安史之乱”，郭子仪成了中流砥柱

“朔方节度使”又称“灵武节度使”，是“天宝十大节度使”之一，也是当时拥立唐肃宗新政府和平定安史之乱的重要力量。

“天宝”是唐玄宗在七四二年启用的年号，过去的二十九个年头，“开元”年号用得好好的为何要改？原因是一个皇帝在位太久，又创下一个盛世，志得意满之后会有一股说不出来的空虚——像是现代人的职业倦怠——那就是人生之后要奋斗的目标是什么？开元十五年，四十五岁的那一年，步入中年期的唐玄宗，在他八月五日的生日，宴百官于花萼楼，百官齐祝皇上万岁万万岁，建议这一天应该称之“千秋节”，当为连放三天的国定假日，唐玄宗乐得同意。

唐玄宗之后的“中年危机”继续让他焦虑，焦虑要如何抓住青春的尾巴，想想自己“身为天子，宝贵已极”，“长生不老”真是一个奋斗的好目标。奸相李林甫乘机借以灵符呈瑞，表上尊号“开元天宝圣神文武皇帝”，唐玄宗深信不疑，创建玄元皇帝新庙，亲自祭拜，下令将开元三十年改为天宝元年。唐玄宗开始沉沦，大唐国力也开始向下沉沦。后来杜甫有《千秋节有感》一诗，诗云：“自罢千秋节，频伤八月来。先朝常宴会，壮观已尘埃。”

向下沉沦十四年后的大唐，可以想象“安史之乱”爆发开来，那种“渔阳鼙鼓动地来，惊破霓裳羽衣舞”的场景。天宝十五年，七五六年，六月，唐玄宗落荒往四川成都逃。太子李亨决定留下

抗敌，他随即前往朔方节度使所在地——灵武，七月十二日即位，史称“唐肃宗”，尊父亲唐玄宗为太上皇，改元至德。唐肃宗登基后三天，同时发生了另一历史大事件：杨贵妃被赐死在陕西的马嵬坡。

郭子仪奉唐肃宗诏，率五万朔方军赶往灵武护驾，当时，只有这支部队阵容完整，当然郭子仪也带来复兴的希望。八月，六十岁的郭子仪升任为兵部尚书、同书中下平章事，仍兼朔方节度使。接着是新宰相房管欲立头功，结果兵败，朔方军成了新朝廷唯一的主力部队。十一月，郭子仪联合回纥人的部队，展开大规模的反攻，他先消除了朔方的后顾之忧，稳住战时的统治中心。再领兵直驱潼关，截断长安叛军的后路。

至德二年，七五七年，二月唐肃宗进驻凤翔，此时叛军内讧，安禄山被他儿子安庆绪派人杀死，人心不稳，史思明也不听安庆绪——新的“大燕皇帝”指挥。好机会来了！唐肃宗决定大反攻，派郭子仪担任天下兵马副元帅，目标收复长安、洛阳两京，挂名的大元帅是谁？唐肃宗的儿子李豫！他是后来的唐代宗。九月围攻长安，双方厮杀惨烈，互有输赢，郭子仪率朔方军与助阵的回纥四千骑兵血战多日，叛军终于弃城逃跑，窜向洛阳。长安城光复了！

休息三天，唐军继续东进洛阳——安庆绪固守的洛阳。十月十五日，两军在洛阳西的新店相遇，新店山高路陡，郭子仪决定采用“正面佯攻，背后偷袭”的策略，果然叛军中计，佯败的唐军与背后夹击的回纥骑兵，把倾巢下山的叛军疯狂射杀，结果叛军大败，死伤与被俘达十万人之多。第二天晚上，安庆绪逃出洛阳，十八日唐军顺利收复东京洛阳。

唐肃宗派谒使到洛阳，诏拜郭子仪为司徒，封他为代国公。当郭子仪凯旋回长安时，唐肃宗亲率仗仪队到灞上迎接，盛赞郭子仪：“国家再造，卿力也。”

功勋太盛的郭子仪，已经意识到功高震主的危险

郭子仪奉命再率大军返回洛阳镇守。之后，在京城长安的场景是：皇上忙着晋封功臣功将们，庆获胜利。两京都光复了，唐肃宗干脆把年号改为“乾元”，这是《易经》的第一卦，“元”也是易经用语，“大”、“初”、“始”的意思，乾元有“大国复始”的涵义，“国祚中兴”的期待。唐肃宗把太上皇从四川成都接回长安，偏居在兴庆宫，之后又迁居西宫的甘露殿，唐玄宗晚年郁郁寡欢，不过这是后话，也没多少人在意他的情形了。

乾元元年，七五八年，到了七月，唐肃宗才重新下诏郭子仪北征。因为安庆绪逃出洛阳后，他在相州城站稳了脚步，又集结了二十万军力，相州城又名邺郡，那是当年曹操兴建铜雀台准备收纳二乔的地方，也是南北朝时期北齐的京城。唐军北进，安庆绪派安守忠在黄河北岸抵抗，郭子仪几个回合就击溃了叛军，掳获了安守忠等叛将，凯旋回到洛阳。唐肃宗要郭子仪回长安献俘，郭子仪才刚抵达长乐驿，文武百官已经列队相迎，唐肃宗亲自在

“望春楼”接见郭子仪，封其“中书令”，这个中书令是个“不实际总理政务的虚位”的荣誉职。不过，从此大家都以“令公”尊称他。

唐肃宗开始志得意满，他以为接下来的征北战争，很快就会让“总胜利”到手，因为他将要派出九个节度使和他们的二十万兵力，当然，即将到来的“大战功”不要再让郭子仪“连庄囊获”了，应该想个法子……而这时郭子仪已经六十二岁了。

在易经有一卦《丰》，说的是“广博盛大，丰盛充盈”的道理，理的是“极盛易衰，丰余则溢”的论述。《丰》卦六爻分为“离”的明和“震”的暗，因为“丰”之患常在暗，故六爻皆以明暗为凶吉。

“离”是日、是明、是火，从下升上，其性也，以明发暗，其德也。如果又丰又暗者，就是“安而忘危，治而忘乱”的危机。在《丰》的理解中，看到郭子仪屡屡站在胜利的高峰，他清楚功高震主的危险，所以，屡失兵权他不怨怼，谗言中伤他不申冤。郭子仪知道这些都是过程。古人的哲学观：不求盈满，不求丰富过剩。郭子仪的问题是：他的功名过剩了，而且已经盈满了，他要如何“未穷而变”而不要“在已衰之际再求变”？他有答案！

从《易经·丰卦》看六十五岁的郭子仪，如何求丰、处丰、保丰

震
离

上六　丰其屋，蔀其家，窥其户，阒其无人，三岁不觌，凶。
六五　来章，有庆誉，吉。
九四　丰其蔀，日中见斗。遇其夷主，吉。
九三　丰其沛，日中见沫，折其右肱，无咎。
六二　丰其蔀，日中见斗。往得疑疾，有孚发若，吉。
初九　遇其配主，虽旬无咎；往有尚。

《丰》卦，上卦震，为动，为雷；下卦离，为火，为电。卦象就是雷震与电光一起到来，雷电皆至，喻示威名道德“丰大”，全卦揭示事物丰盛硕大的道理，以及求丰、处丰、保丰的某些规律。

第一爻 初九 遇其配主，虽旬无咎，往有尚。

配，匹配；旬，均也，周全也；尚，配也。初九本当上应四，但是，九四与初九都是阳爻所以不应，而初九仍尊称九四为"配主"。九四以阳居阴，不安于暗者，他亟想脱离遮蔽而求发展，虽初九也是阳，两刚在此"妥协"接受"相遇"。

所以说初九"尚可往"，有"主动积极寻找相配的主人"的意思。初九具有"离"明的能力，既然周全当然应该前往，如不前往，反而有"相疑之灾"。一般人，都是智生于忧患，愚生于安逸。初九虽有委屈，仍要振作以图强，积极追求盛大。

乾元元年，七五八年，九月，唐肃宗多想要自己御驾亲征啊，结果他派了职务代理人——鱼朝恩，他是唐肃宗宠信的心腹，是一位宦官，也是自大狂妄的宦官，糟的是：他根本不懂军事。

唐肃宗的表面理由是："李光弼的功劳与郭子仪相当，难以相互统属，所以，这次出征不设元帅。"鱼朝恩的角色是"观军容宣慰使"，这个职务白话："就是代替我观看各军的努力，然后代替我宣慰大家的辛苦！"心怀不轨的鱼朝恩当然有很大的野心作空间。

九节度使的联军部队攻打"相州城"，安庆绪迎战失利，唐军陆陆续续抵达的部队竟然高达六十万，他们把相州城团团围住。安庆绪向史思明求救，表示愿让位于史思明。史思明于是发兵十三万准备援相州城，他先派李归仁率步骑一万屯于滏阳，与安庆绪遥相呼应。史思明则占领魏州，按兵不动，等待时机。

围城的唐军挖开城墙，引漳水灌城，安庆绪依旧死守。鱼朝恩没有章法，寒冷冬天已到，加上三个和尚没水喝，唐军没有统一的号令，进退无人指挥，围城半年而不见成效，军心懈怠，疲态毕露。乾元二年，七五九年，三月，逮到机会的史思明巧用策略，史思明猛然突袭唐军主力，唐军人心涣散，加上轻敌和骄惰，一时慌了手脚。双方交战到一半，忽然狂风大作，飞沙走石，天昏地暗，双方阵营大乱，结果唐军向南撤退，叛军向北而去，史思明因此解了相州城之围。不久，史思明诱杀安庆绪，自称大燕皇帝。

唐肃宗对于唐军“相州之败”要算账的，失败的理由非常清楚：“王师众而无统，进退相顾望，责功不专，是以及于败。”可是，鱼朝恩把所有责任完全推到郭子仪身上，而唐肃宗听信谗言。七五九年，七月，郭子仪被召回长安，免去朔方节度使之职，解除兵权，赋闲在家。郭子仪对于委屈，不语。

郭子仪从此被冰冻了三年，直到上元二年，七六一年，新的朔方节度使——李光弼，兵败邙山，洛阳北边几个地区相继失守，长安受到威胁了。更糟的是山西“河东地区”，几个节度使的部队发生兵变，如果乱军与叛军联合，后果将不堪设想。这时，唐肃宗想到了郭子仪，下诏封郭子仪为“汾阳郡王”，任“诸道节度行营兼兴平、定国副元帅”，率兵出镇山西的绛州，“老王爷，请先搞定乱军吧！”闲居三年的六十五岁郭子仪，老骨头都僵了。不过，他接到诏书后，立即动身赴任！

第二爻·六二　丰其蔀，日中见斗。往得疑疾，有孚发若，吉。

蔀，遮住阳光的席子。丰其蔀，大大遮蔽使得光明消失，天地变得至暗无比。发，启发。若，语助词。六二为离明的爻主，至明，犹日正当中。而六五如昏君，造成至大的蔽障，甚至遮盖了六二的光明，虽处在日中，竟然昏暗到可以看到北斗星。

六二以柔居阴，处丰之时，宜守柔中之德，不要躁动上往。妄动则过中，反而得六五君主的疑猜，不能保丰。孚，就是“虚中、诚实”的意思；六二“有孚发若”：用其虚中，只能累积其至诚以感发庸君，如此则能得吉。此爻表示如果遇到不是很明智的老板，要设法启发对方，才能得吉。

郭子仪想在大军出发前，见唐肃宗一面。此时，唐肃宗已经病重，太子李豫监国，皇上不再接见群臣。郭子仪恳切地上书说：“老臣这次受命，很有可能会死在任内。临行前不见皇上一面，臣虽死将不能瞑目！”唐肃宗在病床前接见他说道：“河东之事，一以委卿，朕卧榻始安也。”郭子仪以至诚感动了唐肃宗。

“河东之事”是驻军粮饷不继，军心不稳而引发的。河东节度使、河中节度使和镇西节度使，分别于太原、绛州、翼城行营被乱兵所杀，河东局势大乱。郭子仪先到河中，为了表示其“不惧的心”，只带领数十骑先至绛州，其大义凛然，不徇私情，以军法将首乱者三十人斩首，骚动的河中军府倏然安定下来。太原、翼城行营听闻郭子仪在绛州的所作所为，使得“安者振奋，乱者震慑”，各行营亦效法郭子仪将首乱者问罪正法，自此兵乱得平，河东复安。

局势丕然安定，唐肃宗闻听喜报，溘然长逝。他在位仅六年，“安史之乱”还没结束。唐朝的第八位皇帝，三十七岁的李豫依遗诏即位，史称“唐代宗”，年号改为“宝应”。

李辅国、宦官程元振拥立李豫登基有功。李辅国被唐代宗尊称“尚父”，加封司空、中书令。李、程二人专权跋扈，宰相裴冕等被斥逐出京。五十九岁的李辅国对唐代宗说：“皇上在宫中不必操心，处事全听我处理吧！”唐代宗不甘心做傀儡皇帝，表面上很尊重他，暗中派人夜里潜入他家，将他杀死，切下脑袋丢到厕所。李辅国虽被杀死，但程元振仍大受宠信。

程元振继续干涉朝政，他嫉恨功臣名将，郭子仪成了他的头号眼中钉，不断进谗、挑拨，郭子仪终于给新主子解除了兵权。基本上，唐代宗本来就“十分忌惮”郭子仪“功高难制”。他下诏郭子仪担任“山陵使”，这个职务就是负责兴建唐肃宗的陵寝，郭子仪再度被急速冰冻！

郭子仪深谙为臣之道，知道明哲保身，懂得如何未雨绸缪。他知道新主子“十分忌惮的讯号”，诚惶诚恐。火速把唐肃宗前后所赐的一千多手诏敕书汇总为二十卷，呈给新主子御览，巧妙而和婉地辩明自己的忠诚无私。同时上了一道表，表中自陈：

> 臣德薄蝉翼，命轻鸿毛，累蒙国恩，猥厕朝列。
> 会天地震荡，中原血战，臣北自灵武，册先皇帝，乃举兵而南，

大搜于岐阳。

先帝忧勤宗社，托臣以家国……

郭子仪审时度势静观风起云涌，他知道他身处正午，却清晰可见北极星的非常时期，所以及时以谦逊的低姿态向唐代宗“输诚”。唐代宗看到书信，回想五年前光复两京时，他与郭子仪并肩作战的过往，不禁潸然泪下：“朕不德不明，俾大臣忧疑，朕之过也。朕甚自愧，公勿以为虑。”终于对如此功勋彪炳的名将所遭受的不公，有了悔悟。但是，到底还是没有授予郭子仪兵权。

司马光在《资治通鉴》中评价郭子仪说：

“功盖天下而主不疑，位极人臣而众不疾，穷奢极欲而不非之。”

其实，综观郭子仪一生的起伏变迁，并不是“主不疑”，而是他有足够的智慧用自己的“小心”，将主子的怀疑安然消解。

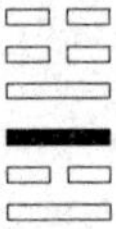

第三爻·九三　丰其沛，日中见沫，折其右肱，无咎。

沛，旆也，杂色缀饰的旗子；沫，同“昧”，明暗杂光，就是现代称谓的"斑光"；肱，由肘至腕的手臂。右肱，大部分人所常用，"折其右肱"，喻贤者之才不能有为也。

非常多的旗帜幡旆高举在天空，把天地都遮黯了，但没全部覆蔽，处在日中仍可见小光点点。宛如九三上适上六，则适于明暗杂者也。而此明暗杂者的情形，若于用人，则不能；自用，则不足，所以不可以大事。"君子不畏其蔽，而畏其杂"，不怕遮蔽，怕暧昧。九三有刚明之才，然上无可赖之主，不能施其作为，故如人之折其右肱。保丰，最怕暧昧不清，打开窗户让阳光进来是最佳做法！

宝应元年，七六二年，十月，唐代宗以长子李适为统兵元帅朔方节度使仆固怀恩为其副手，又向回纥借兵十万，攻打再次被叛军占据的东京洛阳，史朝义——史思明的长子——败走莫州，此时史朝义已经众叛亲离，部将们相继向唐军投降。宝应二年，七六三年，正月，史朝义在走投无路的情况下上吊自杀。自此，"安史之乱"宣告结束，历时七年零三个月。总结过程：安禄山被他儿子安庆绪杀了，安庆绪又被史思明杀了，史思明再被他儿子史朝义杀了，史朝义最后自杀。

郭子仪"安分"地待在他的"汾阳王府"过日子，尽管唐代宗对他赏赐有加，礼遇不减，他可是脑筋清楚得很，宁静的背后随时有大风暴。他规定任何人都不准关上王府大门，好像公园一般，任由邻人进出，从不过问。

有一天早上，郭子仪以前麾下的将官要到外地任职，特来跟老长官辞行，他知道王府中百无禁忌，就一直走进了内宅。恰巧，他看见郭子仪的夫人和他的爱女正在梳妆打扮，而老元帅手臂挂着毛巾，端着洗脸盆，像是奴仆一样被使唤着。这事就这样被传了出去，一传十，十传百，没几天，整个京城的人都把这件事，当成笑话来谈论。

郭子仪没事，但他的儿子们感到脸上无光，再也忍不住了，请他下令像别的王府一样，关起大门，不让闲杂人等出入。他们哭着请求说；“父王您功业显赫，普天下的人都尊敬您，可是您自己却不尊重自己，不管什么人，您都让他们随意进入内宅。即使商朝的贤相伊尹、汉朝的大将军霍光也不应该这样。”

郭子仪笑着说：“你们不知我的用意，我敞开大门，任人进出，不是为了追求浮名虚誉，而是为了自保，为了保全我们全家人的性命。”大家感到惊讶，忙问道理。郭子仪说：“现在我们郭家大富大贵，你们光看国家供给草料的马就有五百匹，奴仆也有一千多人在吃皇粮。再往前，我们郭家还能求得更大的富贵吗？往后退，我们又无地可据。再说，这些人并非都跟我们同心同德，如果我们紧闭大门，不与外面来往，只要有一个人心怀不满，捏造事实，诬陷我们，再有嫉贤妒能的人随声附和，从中添油加醋制造冤案，那时，我们郭家的九族老小，都要死无葬身之地了。现在我让府门大开，外人随便进出，即使有人嫉妒我，也找不到借口啊！”

第四爻·九四　丰其蔀，日中见斗。遇其夷主，吉。

夷，就是"平等对待"，夷主是指对等的主人。九四与六二一样是"丰其蔀，日中见斗"，都是大其障蔽以遮明也，指的是遇见昏君。九四以刚居阴，不中不正，像是近君之臣遇到昏暗庸君，怎可能丰大？所以有"丰蔀见斗"之象。

然而九四为震卦之主，下应初九，处"丰"之时，两者明动相资，上下合德，所以有"遇其夷主"之象，就是：九四遇到也是刚毅之士的初九，可以结为同志。九四居大臣之位，得到初六这位在下位的贤士襄助，同德相辅，当然是吉！

广德元年，七六三年，十月，唐代宗这时才知道吐蕃已经攻占陕西的奉天、武功，严重威胁到长安。他的惊讶是有道理的，因为吐蕃鲸吞蚕食唐朝疆域的事情已被掩盖多年。其实，当时"安史之乱"初期，朝廷兵力严重不足，甚至把镇守在天山南北路的戍边部队抽调回来，加入戡乱战争，杀鸡取卵，王牌都打掉了，边疆门户自然洞开。去年吐蕃乘机大肆侵略，占领了陕西凤翔以西大片土地，边疆官员纷纷告急，但是上报朝廷的军情文书，统统被程元振扣押，演变成今天兵临城下的局面。

唐代宗急命郭子仪为"关内副元帅"，荣誉大元帅还是由长子李适——未来的皇上接班人——挂名担任。郭子仪的任务是"出镇咸阳，保卫长安"，可是他赋闲太久了，其部属大都离散四处了，眼前没有班底，只能仓促招募人马，得有二十人马，人数少得可怜。当郭子仪他们二十人抵达咸阳时，多达二十万人马的吐蕃军，遍布原野。吐蕃军策略性地绕开了咸阳城，越过渭河，沿着秦岭山脚，向东推进，部队前后长达数十里，浩浩荡荡。

郭子仪派人回京奏报十万火急的军情，请求军援，但是程元振从中作梗，唐代宗还是被蒙在鼓里。但是长安城外已经有零星冲突，一撮一撮的唐军陆续被歼灭，警报最终传到长安城中的皇上耳里，程元振纸包不住火了，唐代宗不知所措，只有跑了！三十六计走为上策。

皇上远走陕州的消息传开，京城长安岌岌可危，城中的禁军一哄而散，官吏百姓争相逃难。郭子仪立即返归长安，半路上遇到射生将王献忠拥四百骑兵刚刚离开长安，他们正挟持着十位亲王，准备投降吐蕃。王献忠见到郭子仪下马便说："今主上东迁，社稷无主，令公身为元帅，废立在一言耳。"皇上东逃，朝中无主，您身为兵马大元帅，废立皇帝的事全在您一句话！郭子仪将他训斥一顿，命令他们前去护卫唐代宗。王献忠一向敬重郭子仪，马上遵令照办！

唐代宗十月七日逃离长安，两天后，吐蕃大军"不血刃而入京师"。

另一方面，郭子仪一路招抚溃逃的唐军，人数总算凑足一万人。在商州，郭子仪举行了誓师大会，他泣谕将士们要共雪国耻，夺回长安，众将士深受感动，军势稍振。唐军到了长安的城外，人数略增，可是与吐蕃军仍是兵力悬殊。郭子仪明白不能力敌只能智取，他分拨人马，安排一部分进驻北方，在山陵荒野遍插旗帜，白天擂鼓震天，晚上点燃大量的火把，迷惑吐蕃军。城东外则派骑兵部队渡过浐水，在长安城外巡逻示威。

吐蕃军见到实力不明的唐军，军心恐惧。这时郭子仪派人潜入城内，要居民配合哄骗吐蕃军："郭令公已率大军从商州赶来，兵马多得数不清。"完全没有情报的吐蕃军已经计划撤军。深夜，潜伏的唐军发动几百名年轻人在长安朱雀大街敲锣打鼓："郭令公大军进城了！快快投降吧！"不知虚实的吐蕃军震惊不已，连夜撤离长安，弃城西遁。郭子仪大军顺利收复长安城。这是他的二次收复长安城。

十二月，唐代宗要回返长安，郭子仪率城中百官及诸军迎于沪水东，伏地待罪。唐代宗感慨地说："用卿不早，故及于此。"朕没有及早任用爱卿，所以才落到今天的地步。随后，唐代宗赐给郭子仪"铁券"，就是免死金牌，意即保证在任何情况下，都决不再加罪于他。下令在皇宫的"凌烟阁"为其绘像。第二年，甚至将他的女儿"升平公主"嫁给郭子仪的六子郭暧为妻，从此结为儿女亲家。这时郭子仪已经六十八岁了。

第五爻·六五　来章，有庆誉，吉。

六五是丰卦的主爻，但它以柔居阳，所以无法自己成就丰大的局面，有庸君之象。但是六五如果能主动屈己就贤，向六二——离卦主爻——求明，离为文章，致其章美之才而用之，就是请它来辅助。震为动，丰卦就是震明组合，即是“明动相资”，所以当有福庆，得美誉而吉。

先介绍“仆固怀恩”这个人。仆固是复姓，其家族是铁勒九大姓之一。唐太宗贞观二十年，六四六年，铁勒九姓大首领率部降唐朝。安史之乱时，仆固怀恩随郭子仪作战，任朔方左武锋使，骁勇果敢，屡立战功。又与回纥关系良好，曾出使回纥借兵，并嫁二女与回纥和亲。安史之乱中，仆固怀恩家族中有四十六人为国殉难，可谓满门忠烈。

安史之乱最后决战之时，已经是朔方节度使的仆固怀恩，任统兵副元帅，立下汗马功劳。因为功劳不小，难免让人觉得他“居功自傲，刚愎自用”，所以一些诬告诋毁接二连三，更有人上书说他要谋反了，加上唐代宗态度暧昧，仆固怀恩渐与朝廷离心离德，最后，他真的因“弓藏鸟尽”的恨意，彻底反了。

广德二年，七六四年，刚过完年，唐代宗任命郭子仪为河中节度使兼河东副元帅，率军镇守河中。仆固怀恩的部队听到郭子仪来了，马上分裂，大部分兵马归附郭子仪。当时，仆固怀恩的母亲责怪他不该造反，提刀追着要杀他，“吾为国家杀此贼，取其心以谢三军”。可是，覆水难收，仆固怀恩还是率领几百骑兵逃往灵州。

当年十月，仆固怀恩从回纥与吐蕃找来十万人马，绕过邠州，进逼奉天。郭子仪奉命迎击，回纥与吐蕃军畏惧郭子仪，不战而退。这是第一回合。

第二年，广德三年，七六五年，九月，仆固怀恩又来了，这次他找了更多帮手，除了回纥与吐蕃还加了吐谷浑，党相、奴剌，共计三十万大军，一路势如破竹。唐代宗紧张了，急令郭子仪率军万人赴泾阳抵御敌军。十月，郭子仪刚到泾阳，就被回纥与吐蕃等十万联军团团包围，情势紧急。郭子仪倒是不惊慌，面对十倍于自己的兵力，镇定自若。恰在这时，仆固怀恩暴毙身亡，事情有了转机。

回纥与吐蕃之间本来就是“谍对谍”貌合神离，各怀鬼胎，现在仆固怀恩不在了，两国的驻扎兵营立刻分驻得更远了，彼此防卫对方的军事活动。郭子仪他过去曾跟回纥并肩作战过，仍有旧情谊，于是他派人到回纥阵营，试探与回纥军的主将“药葛罗”会面的可能性。药葛罗听到郭子仪会面的要求，大为惊讶，狐疑地问:“郭令公真的还健在? 仆固怀恩说郭令公早已去世，否则我们也不会率兵攻唐。如果郭令公确实在此，就请他亲自来和我们见面吧！”

幕僚建议派五百精锐骑兵随同前往，郭子仪不同意，他决定单骑进入回纥军营。郭晞——郭子仪的三子——跪在地上劝阻，郭子仪严肃地说：“现实情况是：如果两军开战，不但我们父子性命难保，就连国家的命运也很危险，如果能以诚说服回纥，则天下大幸，不成，我就以身殉国！”说完翻身上马，直奔回纥军营。

距回纥军营不远处，郭子仪下马，摘去头盔，脱去铠甲，放下刀枪，牵着马缓步向前，回纥军仔细辨识，果真是郭令公！回纥军的部将纷纷下马施礼，药葛罗主将甚至上前跪拜迎接。双方寒暄后，药葛罗向郭子仪表达他们上了仆固怀恩的当，回纥军愿意与唐军联手合击吐蕃军，两人当即以酒酹地，向天发誓。

吐蕃军一听他们双方已经合作了，连夜撤兵西去，其他各路兵马也闻风而逃。郭子仪又救了大唐王朝一次！

第六爻·上六　丰其屋，蔀其家，窥其户，阒其无人，三岁不觌，凶。

阒，寂静无声；觌，两人见面。上六以柔居阴，过中而不能“保丰”。上六虽然丰大其屋，但过于高耸宽阔，反而把家给遮蔽了，以致阴暗寂静昏暗不明。上六以阴暗弱才处丰之极，其昏暗不明，自绝于人，所以“阒其户”三年之久仍不见人，孤立景况显得阴森荒凉。如此才暗质弱而不自知，当然凶矣。

此爻说明：一般人到了顶级丰大之时，溢流而不诫，只知道闭门而不知适变，物极必反，往往晚节不保。李白的诗“吾观古来贤达人，功成不退皆殒身”是真理！张良、范蠡、韩世忠、石守信等智者深明上述道理，却也只能急流勇退，去官归隐。而郭子仪是历史上罕见的以寿终的功臣，确实是个特例。

在大唐的英雄史册上，郭子仪他因平定“安史之乱”而留名青史；他一生经历了武则天、唐中宗、唐睿宗、唐玄宗、唐肃宗、唐代宗、唐德宗七朝天子，出将入相堪为四朝元老；他戎马一生，屡建奇功，单骑退回纥大军，威名千里；顶级帅将的长者之风，被尊称为“北斗元帅”。

大历十四年，七七九年，五月，五十三岁的唐代宗病逝，他在位十八年。遗诏在治丧期间由郭子仪代理朝政，辅佐太子，这时郭子仪已经八十三岁了。三十八岁的太子李适即位，史称“唐德宗”——唐朝的第九任皇帝，封郭子仪为“山陵使”，晋升为太尉、中书令，他尊称郭子仪为“尚父”，比照周文王尊称姜子牙之礼。

建中二年，七八一年，仲夏，郭子仪病重，唐德宗派儿子疏王李谊前往汾阳王府慰问探视，此时，郭子仪已不能起床，只能以手代替叩头谢恩。六月十四日去世，享年八十五岁。唐德宗闻之震悼，废朝五日，追赠郭子仪为太师，灵柩陪葬在唐肃宗的“建陵”，灵位附祭于唐代宗庙内，享受国家祭祀。诏曰：

“天地以四时成物，元首以股肱作辅，公台之任，鼎足相承，上以调三光，下以蒙五岳。功至大而不伐，身处高而更安。尚父比吕望之名，为师增周公之位，盛业可久，殁而弥光。故太尉、兼中书令、上柱国、汾阳郡王、尚父子仪，天降人杰，生知王佐，训师如子，料敌若神……”

众臣依次到汾阳王府第吊唁，出殡时，唐德宗还登临安福门，临哭送行其灵柩到安远门。生前死后，哀荣始终，郭子仪赐得“忠武”谥号，这是武将最高等级谥号，文臣最高等级谥号则为“文正”。最后，整理唐、宋、元、明、清几位被敕赠最高等级的美谥者，同时也认识几位历史上 A 咖人物：

三国蜀汉的诸葛孔明得有“忠武”谥号，自他起“忠武”成了武将的标杆；

唐朝的尉迟恭得“忠武”谥号；

唐朝的郭子仪得“忠武”谥号；

宋朝的韩世忠得“忠武”谥号；

宋朝的岳飞先被追封为“武穆”，后改赠“忠武”谥号；

元朝的伯颜——忽必烈的左右手——得“忠武”谥号；

明朝的常遇春得“忠武”谥号；

清朝得“忠武”谥号者从缺。

宋朝的范仲淹得“文正”谥号，自他起“文正”成了文人的标杆；

宋朝的司马光得“文正”谥号；

宋朝的苏东坡死后七十年，追赠“文正”谥号；

元朝的耶律楚材得“文正”谥号；

明朝的李东阳得“文正”谥号；

清朝的刘统勋——刘墉的父亲——得“文正”谥号；

清朝的曾国藩得“文正”谥号；

台湾明郑的陈永华也得有“文正”谥号。

李世民

李二郎的贞观之治

乾

上九　亢龙有悔。

九五　飞龙在天，利见大人。

九四　或跃在渊，无咎。

九三　君子终日乾乾，夕惕若，厉，无咎。

九二　见龙在田，利见大人。

初九　潜龙勿用。

从民间传说“魏征斩龙王”，说说尉迟恭与秦琼这两位门神

偶尔，我会客串为文史工作者，穿梭在历史寺庙之间，解说这座建筑的典故，也说明着在敞亮的三川门上，所彩绘的门神是谁以及他的故事与含义。大致上，佛寺的门神最多是伽蓝、韦驮护法，其次是哼哈二将，左右四片边门则是风调雨顺四大天王居多。

如果是道教的庙宇，则多是尉迟恭与秦琼。关于这两门神的故事丰富，历史上也多处可以看到他们的身影。尉迟恭与秦琼，也有称之为尉迟敬德与秦叔宝，敬德与叔宝是他们的字。他们两位都位列唐太宗的“凌烟阁二十四位功臣”之中。唐太宗在贞观十七年，六四三年，为怀念当初一同打天下的诸多功臣，特地在皇宫内“凌烟阁”，由大画家阎立本描绘了二十四位功臣的画像，神态刻画细致，比例皆如真人大小，均面北而立，唐太宗时常前往怀旧。

至于尉迟恭与秦琼是怎么当上门神的？这要从民间传说“魏征斩龙王”开始说起：在长安城西门街上，有位摆相命摊子的老先生，人称“神算子”的“袁守诚”，他为人看相卜卦非常神准，四十多年来，生意兴隆，从没被拆过摊子。一天，来了一位白衣中年书生，他是泾河老龙王的化身，龙王要求卜算明日天气如何？神算子说：“卜金五十文则可算出正确时辰及降雨量。”龙王说：“如算不准，我明天可要来砸你的招牌。”神算子笑笑说一言为定，

乃闭起双眼掐指一算说：明天“辰时布云”、“巳时发雷”、“午时降雨”、“未时雨止”共得水三尺三寸零四十八滴的雨量。

龙王付钱后即转身离去，暗喜，心想“长安城”明天几时下雨、该下多少、几时收止，乃由我在掌管，这下子这老头输定了。

没想到回龙宫后，即接到“玉皇大帝”的圣旨，令其明天按照时辰在“长安城”下三尺三寸零四十八滴雨。龙王他吓了一跳，怎可能与老先生算出的时辰和雨量丝毫不差呢？他决定明天把降雨的时辰挪后些，降雨量稍减少些，然后去砸神算子的摊子。

第二天龙王来了，打算砸摊子前，神算子说且慢，说道你可知道你这位“泾河龙王”已犯了天条，你明天等着午时三刻上“剐龙台”斩首吧！龙王一听，对啊！他确实违反谕旨，两腿发软跪了下来哭求道：“请袁老先生救我一命！”袁守诚看他苦苦哀求很不忍心，乃告诉他说：“天庭剐龙台”的监斩官是朝中丞相魏征，你今晚托梦给唐太宗皇上，告知原由请他帮忙，明日午时三刻设法缠住魏征，让他无法前往监斩，等午时三刻一过，你便可逃过此死劫。”

唐太宗听完龙王原由，答应了。第二天朝会后，他要求魏征陪他下棋，两人下着棋，后来唐太宗因一手棋陷入长考，而等在棋桌旁的魏征不禁打起瞌睡来，唐太宗看他已睡着，心中暗喜，不但不叫醒他，还替他扇了三下风，让他睡得更深沉。突然，听到魏征大喊一声“斩！”随即醒了过来，并拜谢唐太宗助他三扇风力，才让他在梦中来得及追上时辰，将“泾河龙王”龙头砍下。

龙王的龙头落地，但是阴魂不散，怨恨唐太宗承诺相救却不守信，夜夜来索命，弄得唐太宗夜不成眠。听完唐太宗的窘境后，秦叔宝和尉迟恭请求皇上允许他们披甲执戈，守在寝宫门口站岗。果然，龙王的鬼魂不敢越雷池一步，唐太宗得以安枕无忧。后来，唐太宗命画家吴道子画了两人的像，贴在宫门口，照样管用。后来的后来，民间、庙宇纷纷效法唐太宗，在大门贴上或是画上“尉迟恭与秦琼”的披盔甲执兵器像，用以“驱邪辟凶”。这是他们两位门神的由来。

可是，果真黑脸尉迟恭与白脸秦琼当了几次夜班的将军这么简单，便成了千年来民间景仰与信赖的门神？

丈八长矛的尉迟恭，“凌烟阁二十四位功臣”排行第七

尉迟恭，尉迟是复姓，读音为玉池，山西朔州善阳人，年少时以打铁为业，青年时以勇武闻名乡里，使用丈八长矛，威猛过人。隋朝末年，群雄并起，参加了刘武周起义军，多次打败唐军。武德三年，六二〇年，他与另一名武将“寻相”归附了唐朝。秦王李世民爱其勇猛，让他当右一府统军。不久，寻相叛逃，不知所踪。因此，一些部将对尉迟恭的忠诚度开始怀疑，把他囚禁了起来，劝李世民说：“敬德骁勇绝伦，今既囚之，心必怨望，留之恐为后患，不如遂杀之。”世民笑着说：“如果尉迟恭真要叛变，他哪能在寻相之后呢？”

于是释放了他，并说：“大丈夫处世以意气相投，小小误会你不必介意，我怎能听信那些谗言相害于你呢！请多体谅。如果你真的想走，这些金银就算我送给你的，也不枉我们交往了一场。”尉迟恭虽然感动李世民的诚意，但仍想要求去。当时，李世民正率领唐军与王世充的郑军对战于洛阳，战局胶着。一天，李世民他带了五百骑兵巡视阵地地形，王世充率万余大军突然杀来，王世充手下的猛将单雄信挥枪直刺李世民。尉迟恭在一旁见情况危急，不顾一切，大喝一声：“尉迟敬德来也！”举起长矛把单雄信刺于马下，在重重包围中，保护李世民冲出了重围。

从此，朝廷上下都知道秦王府有位丈八长矛的尉迟将军。李世民的弟弟齐王李元吉也是长矛高手，心中不服，想要与他比武。李世民建议双方把铁刃拿掉，以免不慎受伤。尉迟恭说：“我当除掉铁刃，齐王不除也无妨！”李元吉暗喜，心想今天一定要除掉你，李元吉招招尽刺要害，结果三个回合都被尉迟恭夺了长矛。悻悻然的李元吉在一片叫好声中，尴尬地走了。

于是一直视李世民为眼中钉的太子大哥李建成，想收买武艺超群的尉迟恭，投效到他的营下，李建成送了一车金器到尉迟恭住处，但被拒绝了。李建成当然搁不下这个脸，气呼呼的。看到火冒三丈的大哥，李元吉在旁献计说：“大哥不必生气，今晚我派一位高手去把他给杀了。”李世民知道了大哥和三弟他们的阴谋，要尉迟恭小心提防。好个尉迟恭，当晚干脆把所有门窗大开，恭候大驾，刺客是来了，但他哪敢进去行刺，转了两圈就悄悄走了。

时间过了十几年。贞观十三年，六三九年，二月的一天，李世民问尉迟恭："有人常说你会反，这是什么原因？"尉迟恭回答说："我能反吗？我从皇上征讨四方，身经百战，能够幸存，实在是锋镝余生。今天下已定，还疑我反叛吗？"说罢脱衣扔地，露出身上枪箭伤疤。世民感动地说："请你赶快穿上衣服，正是由于我不怀疑，才对你说这番话。"

不久李世民想把女儿嫁给他，尉迟恭叩首谢道："臣妻虽鄙陋，相与共贫贱久矣。臣虽不学，闻古人富不易妻，此非臣所愿也。"我不能接受陛下的厚爱。

金双锏的秦叔宝，"凌烟阁二十四位功臣"排行二十四

秦琼，齐州历城人，今山东济南，正史上对他的记载十分简单，但是秦叔宝的故事汗牛充栋。就说说秦琼当锏卖马的故事：

京剧《秦琼卖马》中一个著名唱段："店主东带过了黄骠马，不由得秦叔宝两泪如麻。提起了此马来头大，兵部堂王大人相赠与咱，遭不幸困至在天堂下，欠下了店饭钱无奈何只得来卖它。摆一摆手儿你就牵去了吧！但不知此马落在谁家？"

说的是隋末乱世，从山东济州历城来的，县衙门捕盗都头秦琼，在天堂县东街的一座店房已经困居了一个多月，人吃的、马喂的全是赊欠，可是他没钱结账，因为潞州刺史不给批票回文，他就没盘缠付账买单。以前人的规矩是：出公差者，去时单程的

盘缠由原地衙门支付，再由对方负责支付在当地的食宿和回程的路费。秦琼在天堂县办完了公差，可是刺史迟迟不给批文，最终秦琼必须卖掉他的黄骠马抵债。

于是店家牵着秦琼的马在市场叫卖，没想到一位大汉要店家引见这匹黄骠马的主人。这位大汉就是单雄信，当地的员外，衣冠整齐，气势不凡。单雄信用双手在马背上一按，那马纹丝不动，他顺口念了一段相马经："此马是黄骠，张口似银条，浑身发金色，四蹄无杂毛；胜似南山豹，不让北海蛟。好马呀好马！"

其实，秦琼与单雄信早就互相仰慕对方，没想是这样认识对方的。正在互道久仰之际，单雄信知悉大哥被杀，他急需前去现场了解事端，并且帮兄长收尸，事急之下，结果借了黄骠马而去。这下子，本来要典卖的马被借走了，秦琼的困境仍然无解，只能转而典质了随身的兵器金双锏。一阵忙碌后，单雄信回来了，他帮忙赎回金双锏，两人结拜为兄弟，身为员外的单雄信更资助了秦琼家中的生活费，秦琼无后顾之忧地参加了瓦岗山反抗军，瓦岗军覆灭后，秦琼又为李世民所罗致，成了唐军不可或缺的英雄人物。

因为神勇与忠义，之后的《隋唐演义》小说，描述他后来的战袍、坐骑与兵器：秦琼在瓦岗军与隋军对战中，得到了虎牢关总兵"四宝大将"尚师徒的盔、甲、枪、马，即是所谓"四宝神物"。"夜明盔"，夜间交战，盔上宝珠耀人双眼；"唐猊铠"，身上战甲是柳叶绵竹铠编织而成，刀枪不入；"提炉枪"，武器是重一百二十斤，枪杆中有眼洞，插入地下后能够汲取地下水，倘若在行兵时万一口渴起来，这可是超管用的自动滤水宝物；胯下马是“呼雷豹”宝马，战斗力强，声如虎豹，万马皆惊。有了这四样宝物，更显秦琼的勇猛剽悍。

从中秋“吃月饼”认识唐朝与突厥汗国的恩怨关系

说说中秋节吃月饼的典故吧：

大唐王朝创建于六一八年，称之“武德元年”。当时蒙古地区与西北地区有强盛的突厥民族，建立了以漠北为中心的“突厥汗国”，版图辽阔，国力壮大。即使当时已经分裂为“东突厥汗国”和“西突厥汗国”，但在大唐建国之前和最初的几年中，唐太祖李渊为解除后顾之忧，集中精力对付中原割据势力和农民起义军，对突厥称臣多年。尽管如此，突厥仍不断入侵。

武德七年，六二四年，唐军终于平定四方，统一全国，开始商议反击突厥的战事。唐太祖派李世民抵御东突厥的入侵，他利用反间计，联合了比较友善的西突厥，使得东突厥暂时退兵。之后几年，多为东突厥进攻，唐朝防守，双方互有胜负。

发生“玄武门之变”不久，李世民登基，史称“唐太宗”，起先政局不稳，面对东突厥伺机入侵，唐太宗只能委屈求和，定下“渭水之盟”。两年后，东突厥遇到天候险恶，国力下降，但大唐反而经济恢复，国力上升，一盛一衰之间，唐朝反击东突厥的时机已经成熟了。

贞观三年，六二九年，年底，李世民启动歼灭东突厥之战，派出大将军李靖与李世绩率领十万大军，六路征讨东突厥，几次突袭、截击和正面攻击，唐军都取得胜利。最后，总共俘虏了二十万人，包含东突厥的可汗。

贞观四年，六三〇年，八月十五日唐军凯旋而归。京城长安一片狂欢庆贺，太上皇李渊弹起琵琶，唐太宗还当场跳起舞来。当时有来长安经商的吐鲁番人，向唐太宗献饼祝捷。唐太宗接受后，拿着圆形的胡饼指向空中明月，对文武百官豪气干云地说："应将胡饼邀蟾蜍！"说完把饼分给群臣一起吃，于是，中秋节就有了吃月饼的习惯。

而与剽悍的东突厥对战，能获得如此重大胜利，其中的关键英雄是李靖与李世绩，两人也位列"凌烟阁二十四位功臣"之中。在文学作品中，李靖与妻子红拂女，加上虬髯客，合称富有侠义豪爽个性的"风尘三侠"；而李世绩则有"孔明第二"之称，他即是"历史五大军师"中的徐茂公，与姜子牙、张良、诸葛孔明、刘伯温并列，下次也来说说其人其事。

从祖父李虎到父亲李渊，认识李家的二郎

隋炀帝的暴政，造成隋朝只有两代就摇摇欲坠。在历史中，隋朝三十九年，上承南北朝，下启唐朝。但是隋末群雄并起，逐鹿中原，那是好看的风起云涌大时代，而最后由李渊所创建的大

唐王朝胜出。李渊在史上称之“唐太祖”，可是许多史学家总是不免说，其实李渊的次子李世民的功劳更大，为何？

先介绍李渊的祖父李虎，李虎在南北朝的北周时代建功彪炳，是当时“八柱国将军”其中之一，死后被封为“唐国公”，由李昞——李渊的父亲——继承封号，李昞娶了大将军独孤信的第四个女儿。独孤信的大女儿嫁给南北朝的北周明帝，成了明敬皇后，第七个女儿则嫁给后来的隋文帝，成了文献皇后。李渊七岁时，父亲李昞去世，再由李渊世袭为唐国公。所以，从李渊母亲所衍生的姻亲关系，李渊与隋炀帝是姨表兄弟。因此，李渊曾深受隋炀帝重用，这是可以理解的。

李渊的妻子是鲜卑人，他们的婚姻曾经为一时佳话：李世民的妈妈姓窦，窦氏未嫁之时为鲜卑贵族，冰雪聪明。她父亲是北周大将军窦毅，因为女儿的聪慧丽质，不肯轻配他人，所以举办骑射之赛，摆一座绘有两只孔雀的屏风，以射中两只眼睛为准则来招选女婿，李渊凭借准确的目力与射技，成功射中孔雀的两只眼睛，脱颖而出，娶得窦氏，这段佳话流传后世。这就是成语“雀屏中选”的出处，现在人的用法是比喻“中选为人婿”。

李渊的母亲是鲜卑贵族独孤信的四女，所以李渊有了一半的鲜卑血统。李渊又娶了鲜卑将军女为妻，鲜卑人热情，这也就是有四分之三鲜卑血统的李世民，为何也拥有热情洋溢、放达开朗个性的原因，加上过去李家都是军人世家，豪迈豁达自然成了家风。

李渊在隋文帝朝廷中十分受宠，曾任几个州的刺史，也深受隋炀帝重用。加上自己的特质：倜傥豁达，任性率真，隋大业十一年，六一五年，五十岁的李渊被调到军事重镇太原，任职“留守”，成了地方首长。李渊的太太窦氏共生了四个儿子：长子李建成、次子李世民、四子李元吉，老三李元霸则在十六岁时去世。李渊刚到太原时，青年李世民十七岁，叔叔伯伯长辈们都叫他“二郎”。

二郎帮助父亲创建了大唐王朝，之后他在“玄武门之变”奠定他的接班态势，登基后他的年号称之“贞观”，“贞观”是什么样的年代？唐太宗又是如何被称之“千古一帝”？他做了什么？改变了什么？为何有“二十四位门神”？二十三年的“贞观之治”怎么看？

在易经有一卦《乾》，说的是“天行健，君子以自强不息”的本质，理的是“象征天的运行周转不停”的论述。《乾》卦六爻犹如六条龙，“升降无常，随时而用，处则乘潜龙，出则乘飞龙”。在《乾》的理解中，看到李世民，他如何任人廉能，知人善用，自我克制，虚心纳谏。

从《易经·干卦》看十七岁后的李世民，如何辅佐父亲到开创贞观之治

乾乾

上九　亢龙有悔。
九五　飞龙在天，利见大人。
九四　或跃在渊，无咎。
九三　君子终日乾乾，夕惕若，厉，无咎。
九二　见龙在田，利见大人。
初九　潜龙勿用。

《乾》卦，上卦乾天，下卦乾天，纯阳之卦，两个“乾”卦重叠，形成复卦，此为八八六十四卦中的第一卦。“乾”本象天，天乃积诸阳气而成。全卦揭示俱有开创气质的阳刚元素，其发展变化的规律，以明创造宇宙万物的本质力量。也有喻示，大者如建立新国家或是创立事业的脉络，小者如人在职场或是社群组织中的可循之迹。

第一爻·初九　潜龙勿用。

“乾”之所以取于“龙”者，以其能飞能潜。潜，藏也，隐也。龙，阳物也。天地之气有升有降，君子之道有行有藏。初九，第一爻处《乾》之始，这时阳气潜藏，有龙隐身于地下之象，比喻初九君子，此时勿急于施用，应当静修其德行，广畜其才学，晦养以俟时。

十七岁的李世民，看到天下群雄风起云涌的同时，隋朝内部也分崩离析，他知道这是大展身手的时代。父亲李渊掌管的太原，地处北方重镇，加上前几年隋炀帝要远征高丽，所以有许多精英人才躲避朝廷征调，远到太原藏身。青年李世民在太原到处结交朋友，观察天下的变局。同样的，一些志在四方的英雄豪杰也到处留意谁是乱世大英雄。

刘文静是晋阳的县令，与“晋阳宫监”裴寂为好友。所谓“晋阳宫”就是隋炀帝在太原的行宫，地属并州，大业十一年，六一五年，隋炀帝北巡路过晋阳所创建的，他只停留了几天便走人，留下了一堆寂寞美人长守深宫。而隋炀帝再也没有回来过，三年后他在扬州被弑，这是后话。裴寂就是行宫的管理主管。刘文静与裴寂都与李渊熟识，自然也认识李世民，因为都是父执辈，所以称李世民为“二郎”。

后来，刘文静因与瓦岗军李密是姻亲关系，无辜受株连，被官府关入狱中。李世民前去探视几次谈论当前局势，有一天，刘文静叹说：“如今没有成汤、周武、汉高祖、光武帝那样的人才，所以局面很难收拾。”李世民不服，向刘文静请教大计，刘文静说：“如果能够顺应天命人心，举起义旗，天下不难平定。现今太原郡逃避盗贼的百姓都在晋阳城中，我也当了几年县令，知道哪些是豪杰之士，一旦把他们聚集起来，可得十万之众。”接着说：“关键是令尊，钥匙在裴寂手上。”

一天，李世民突然带了几件古玩宝物来见裴寂，李世民说：“早就听父亲说裴伯伯是个掷骰高手，带来这几色当赌注用的，如果裴伯伯赢了，愿以宝物相赠。”没几回合，李世民手上的古玩便输得精光，裴寂把玩着赢来的宝物，心中觉得二郎这位年轻人不过尔尔。隔了不久，李世民又带来许多玲珑宝物，可是赌技实在太差了，掷一回输一回，财宝又全归了裴寂。渐渐的，这一老一少成了无话不谈的知己。

直到有一天，裴寂又赢了二郎许多钱，看他高兴的样子，李世民说了：“裴伯伯，我俩赌的输赢只是钱财，如果和天下英雄赌，输赢可就是隋朝的江山了。谁赢，谁就有世世代代享受不完的财富。”这时，裴寂猛然想起，刘文静曾向他说过：“唐国公的二公子可不是平常人！”

第二爻·九二　见龙在田，利见大人。

田，指的就是地面。这时，犹如潜隐的龙已经现身于地面，九二阳刚中正与九五阳刚中正，同德相应，喻九二君子此时利见九五大人，以行其道。此处所谓“大人”者，就是所谓“德位兼备”者也。“利见大人”，谓处下卦之中爻的九二，阳气显发，已经可以从藏身转为现身，而且利见九五之君也。简单地说：时机已到，可以动手了！

一天晚上，裴寂邀李渊到晋阳宫，裴寂从宫中地窖搬出陈年好酒，两人把酒言欢，你一杯我一盏，喝得李渊酩酊大醉，裴寂让人把李渊扶到晋阳宫内寝殿，再安排由皇上的宫女侍寝。第二天，李渊醒来发现身边躺着个漂亮的宫女，吓得酒意全消，他知道与皇上的宫女淫乱可是滔天大罪，可是，他装着若无其事地走了。

几天后，李渊又到晋阳宫喝酒，正是酒酣微醺时，裴寂说了：“你上次醉卧晋阳宫，二郎可没少操心，他怕事败后大家都遭杀身之祸，已经暗中招兵买马，打算举旗造反。现今四处都是盗匪，你想要守小节自保，恐怕只能束手待毙。可是，唐国公您如果高举义旗，一定可以夺取皇位，现在太原上上下下，都等唐国公一声号令了。”

之前，李渊察觉到隋炀帝多以猜忌杀戮大臣，便“纵酒纳贿以自晦”，装糊涂来自保。经过裴寂一番话，李渊再跟二郎彻夜长谈后，犹豫了一夜。终于对着十八岁的李世民说："昨天夜里，我想想你说的话，也有道理，我也拿不定主意。从现在起，是家破人亡，还是能化家为国，就凭你啦！"接着，李渊把刘文静从晋阳牢监里放了出来。刘文静帮助李世民，分头招兵买马。太原的两个副留守看到李渊父子的举动反常，想阻挠，反而被李渊以他们勾结突厥为借口，抓起来后杀了。

对于募兵，李渊分两步走。第一步，让释放出狱的刘文静伪造隋炀帝诏令："太原周遭地区凡二十至五十岁之间的男丁，要征召从军参加征伐高丽。"这个假诏令如同炸开的锅子，大家本来就厌烦高丽战争，从惶恐不安，到人心思乱。第二步，又伪造隋炀帝让李渊自行募兵防御突厥入侵的诏令。很快地，顺利募到了数量可观的兵马。

大业十三年，六一七年，这一年群雄纷纷自立国号：李密建国"魏"，年号永平；窦建德建国"夏"，年号丁丑；刘武周，年号天兴；林士弘建国"楚"，年号太平；薛举建国"秦"，年号"秦兴"……一下子，天下冒出了十个新政权。

七月，李渊正式起兵，自任大将军，裴寂为长史，刘文静为司马，下设左右三军：二十八岁的李建成为左领大都督，统左三军；十八岁的李世民为右领大都督，统右三军。在出兵之前，大开粮仓，赈济穷困，赢得远近一片欢呼声。他们带领三万人马离开晋阳，向长安进军。一路上继续招募人马，并且学农民起义军的做法，打开官仓发粮给贫民。这样一来，应募的百姓就越来越多了。

西进的第一个障碍便是西河郡。李建成和李世民兄弟联手仅用了九天，便旗开得胜，使得李渊喜出望外。

到了山西霍邑，西北边有个贾胡堡，是霍邑的门户，隋朝将军宋老生竟然没在此布兵防守，只守在霍邑城内，所以李渊因此分析宋老生是个无能之辈。可是李渊还是害怕宋老生死守着城，不出不应，耗着打持久战，这样将对自己大大不利。

果然，担心的事还是发生了。霍邑一带道路狭隘，又正赶上接连几天大雨，唐军后方军粮难以继运，李渊下令部队暂作休整。军中突然传说突厥兵正准备乘虚袭击晋阳。李渊的信心动摇了起来，想撤兵回晋阳去。这个想法，遭到了李建成、李世民的反对。李世民对李渊说："现在正是秋收季节，田野里有的是粮食。哪怕缺粮，宋老生也没有什么可怕。我们用义兵的名义号召天下，如果还没打仗就后撤，岂不叫人失望。回到晋阳，非但大业将毁于一旦，且前景是令人担忧的。"

八月初，终于放晴。唐军一早沿着山边小路，急行军来到霍邑城边。李渊发起向霍邑的进攻令，为了消除对方高城严备的优势，他亲自上阵，以弱兵相诱。贪功的宋老生中计，倾其主力出城，欲一举消灭李渊军。双方接触后，李渊佯败退却，待宋老生进入唐军伏击圈后，全军被伏兵歼灭，霍邑城被唐军攻克。

唐军继续向西进军，在关中农民军的配合下，渡过黄河，攻打河东城，没有攻下，李渊听从了李世民直接进入关中的建议，分兵攻打长安。留在长安的李渊的女儿——平阳公主与夫婿也招募了一万多人马，号称"娘子军"，响应唐军进关。李渊令李建成、刘文静守潼关，命李世民率部沿渭水经营，直取长安。集中了二十多万大军攻打长安，经过血战，攻陷长安。李渊为了争取民心，下令禁止掳掠百姓，受到百姓们夹道欢迎，宣布约法十二条，把隋王朝的苛刻法令一概废除，并且暂时让隋炀帝的孙子杨侑做个挂名的皇帝，称之隋恭帝，年号改称义宁，至于困在江都的隋炀帝则为太上皇。李渊为大丞相，封唐王，以武德殿为丞相府，李世民为秦王。

第二年，六一八年，夏天，从江都传来了隋炀帝被杀的消息，李渊才把杨侑废了，自己即位称帝，改国号为唐，就是史称的“唐高祖”。当时世局依然群雄并立，统一之路仍是崎岖。

第三爻·九三　君子终日乾乾，夕惕若，厉，无咎。

三爻与四爻在易经卦辞中，多有诫语，皆祸与福相杂，所以常常有“处之，然后无咎”。现代人骂人“不三不四”，其实古人意思是：“在三爻与四爻之际，如果不懂如何处之，当然有咎。”

夕，就是暮，太阳下山后；惕，惧怕；若，语助词；厉，危厉不安。九三处下、上卦的交会处，下乾终而上乾继之。乾乾，即是比喻行事“健而不息”。九三以刚居阳，但是过刚不中，居下卦之上，乃处危地者也。《易经》告诫九三爻，该当终日自强不息，乾乾而行，即使日暮后，也要心怀警惕，如此就兢业业，则虽处危地也是无咎。

初九之所以能潜，九二之所以能见，九四之所以能跃，九五之所以能飞，皆有待于关键的九三。九三没有用“龙”来形容，非龙德？在此上下之际，祸福之交，成败之决的时刻，只说“龙”者不足以描述，所以说“君子”不说“龙”。天下莫大之福，不测之祸，皆集中于九三，而决定福或是祸，济还是不济，间不容发，是以“终日乾乾”。

李二郎的“玄武门之变”是他一生中最危险、最重要的关键，也是历史上著名的“贞观之治”的起点。

武德九年，六二六年，六月初，太子李建成邀请秦王李世民到太子府赴宴，据说李世民从东宫离开后吐了几升血，应该是中毒。两人之间的矛盾与斗争接近摊牌了。李建成是长子，被封为太子，老四李元吉为齐王，两人结盟一起对付秦王李世民。因为他俩知道打天下时，李世民战功显赫，论功勋、实力、名声，太子李建成远远不如二郎，加上李世民身边又有一大批有才干、有本领的文臣武将，形成一股强大势力，两个因素对太子集团都是极大威胁。

秦王李世民在王府建“文学馆”，收聘贤才，身边的谋臣有房玄龄、杜如晦、褚亮等十八人，称之“十八学士”。至于武将有尉迟恭、程咬金，段志玄、秦琼等等黄金阵容。

所有的事都是电光石火地进行，加上事有凑巧，全部搅和在一起。首先，太子李建成透过李渊要把最难对付的房玄龄、杜如晦贬黜调离秦王府，因为，他们是秦王府的大脑。再利用突厥入侵大唐，边境告急，齐王李元吉争取挂帅北征，他们要征调秦王府所有的武将随军出征，一次夺去秦王府所有的精兵强将。圣旨一下，李世民紧张起来，当晚，太子府的卧底情报悄悄地揭露这些都是太子的阴谋。李世民连夜召回房玄龄、杜如晦，加上长孙无忌、高士廉、尉迟敬德等人共商对策，决定先下手为强，以政变除去东宫集团。

六月四日，天还没亮，李世民率领长孙无忌、尉迟敬德等十人，在玄武门设伏。不久，李建成与李元吉按着日常的作息规矩骑马上朝，京师的防卫军事本为李建成所掌握，所以他们俩毫无戒心，没有任何防备。当两人快到临湖殿，发觉戍卫有异，急忙策马逃跑，此时李世民纵马跃出，引箭射死李建成。尉迟敬德领七十骑冲来，再射杀了李元吉。

李世民令尉迟敬德入宫“保护”李渊，李渊猛见尉迟敬德手持兵刃快步入宫，惊问：“谁在外面作乱？你来此何事？”尉迟敬德答道：“太子与齐王造反，已被秦王杀了，我奉秦王命令前来护驾。”李渊马上了解所有状况，知道这是政变，忙问左右大臣：“这如何是好？”

深得李渊信任的尚书左仆射萧瑀说：“建成与元吉无功于天下，又忌妒秦王功高望重，企图谋害他，所以秦王杀了他们。陛下立秦王为太子就不再有事。”李渊于是命令诸军听从秦王调遣，不得有违。随后，立李世民为太子，两个月后传位给他，史称唐太宗。李渊退位成了太上皇，九年后病逝，这是后话。

李世民即位后，敬佩也感谢萧瑀的忠诚与胆识，贞观初年，萧瑀任尚书左仆射，为首任宰相，很快地，他就退出政事裁决的核心班子，交棒给房玄龄、杜如晦。不过即便如此，唐太宗仍常回忆他当秦王时恐惧畏祸，萧瑀在李渊面前公正持平为自己讲好话的旧事，盛赞说：“此人不可以厚利诱之，不可以刑戮惧之，真社稷臣也。”并赐诗曰：“疾风知劲草，板荡识诚臣。”后来萧瑀位列“凌烟阁二十四位功臣”之一。

第四爻·九四　或跃在渊，无咎。

或，就是“未必然”之辞；跃，跳跃但还没飞腾起来；渊，广阔深邃的地方，此处表示“天地之间”。

九四爻以刚居阴，刚主进，阴主退，进退未定，所以有“或跃在渊”之象，表示龙跃在深渊之上，但未及于飞。九四阳刚不中，上不在天，下不在田，中不在人，所以“进退无恒”之德。如果九四进，非贪位；如果九四退，也非沽名。用之则行，舍之则藏，不忮不求，无欲则刚，这样光明磊落的君子，怎么会有咎呢？

贞观元年，六二七年，唐太宗在论功行赏时，将谋士房玄龄、杜如晦的功劳列为第一，并任为宰相，执掌朝政。房玄龄、杜如晦这两人成了历史上“良相”的经典人物，房玄龄、杜如晦都是精彩非常之人，以后另外撰文介绍。房玄龄善于谋略而杜如晦善于决断，所以有“房谋杜断”之说，这是后话。

此人事安排，引起了唐太宗的叔父淮安王李神通和尉迟敬德的不满。他们自恃战功显赫，资深位高，在庆善宫的庆宴上，口出怨言，扰乱庆功秩序。尉迟敬德说："尔何功，坐我上？"甚至一拳挥出，误伤前来劝解的任城王李道宗的眼睛。于是，诸将争功，大吵大闹。

对此，唐太宗声色俱厉地对李神通说："叔父虽在义旗初举之时，有首倡之功，但后来却在同窦建德和刘黑闼的两次作战中，一次全军覆没，一次望风逃窜。玄龄、如晦运筹帷幄，安定社稷，论功行赏，理当第一。你虽是我的叔父，国家贵戚，但却决不能以私恩滥与功勋之臣同赏！"

接着，他又对尉迟敬德说："我以前在读《汉书》时，常常责怪汉高祖，他手下有功将领很少有保全性命的，因而想引以为鉴，有意保护功臣。今天看到你的行为，我才明白汉初大将韩信和彭越等人的受戮被杀，家破人亡，并非是汉高祖的过失。国家大事，只有赏罚两种。非分之恩，不可兼行，你要自珍自爱，免得将来后悔！"哇！好一段掷地有声的话语！

李神通和尉迟敬德听了这番警告以后，当即表示自己鲁莽，立即悔过，这场争功风波很快便得到平息。接着，唐太宗又将原太子李建成的属官王珪和魏征等人，赦而不罪，委以重任，让其参掌朝政。

魏征，开始要在历史上熠熠发光了，他也是"凌烟阁二十四位功臣"之一。因为耿直不阿，升其"谏议大夫"，就是负责批评皇上错失的。唐太宗和魏征，一直被看做是历代贤君直臣的楷模。

可是，唐太宗也是人，也有情绪。一次魏征谏诤言辞让皇上下不了台，罢朝后回到内宫，唐太宗怒不可遏："会须杀此田舍翁！"我要杀了这个乡巴佬！幸亏贤惠的公孙皇后机智回应，才没让憾事发生。贞观十七年，六四三年，二月，六十四岁的魏征病逝，唐太宗悲恸之极，讲了一段千古名言：

> "人以铜为镜，可以正衣冠；以古为镜，可以见兴替；以人为镜，可以知得失。魏征没，朕亡一镜矣！"

与魏征相差十九岁的唐太宗，因为对魏征这位诤臣、长者、朋友的怀念与不舍，也对自己四十五岁步入中年有了心理变化，"凌烟阁二十四位功臣"的描绘与列名，就在这种情形之下完成的。这就是或跃在渊，进退有节，行藏得宜，心智成熟的唐太宗。

第五爻 · 九五　飞龙在天，利见大人。

> 九五者，龙之正。九五以刚居阳，处上卦的中爻，刚健中正而居尊位。《乾》卦纯阳至健，《乾》道变化到此，"阳气盛至于天"。孔子对此有论述："同声相应，同气相求；水流湿，火就燥；云从龙，风从虎。圣人作，而万物睹，本乎天者亲上，本乎地者亲下，则各从其类也。"事情的发展已经是水到渠成，万物万事只需遵循自己原本的自性各行其是即可。

所以，九五有“飞龙在天”之象，喻圣人有刚健中正之德，飞腾而居天位，为万物万人所瞻仰。此时，九五之君利见在野的大人，进而和衷共济，成其大业。

贞观四年，六三〇年，三月，唐将李靖、李世绩大败东突厥，甚至还俘得“颉利可汗”回长安，东突厥正式灭亡，唐朝的版图因此扩大到了今天的贝加尔湖以北。原属突厥的部落有的北附薛延陀，有的西奔西域，其余投降唐朝的尚有二十万人。

如何处理这二十万突厥降众？唐太宗召集朝臣商议，大多数朝臣认为北方的游牧民族自古以来就是中原地区的严重边患，今天有幸将其灭亡，应该将他们全部迁到黄河以南的内地居住，打乱他们原来的部落组织和结构，分散杂居在各个州县，引导他们耕种纺织。这样，就可以使原来桀骜不驯的游牧民族，变成易于制服的内地居民，使塞北之地永远空虚。

有人提出，少数民族弱则请服，强则叛乱，向来如此。应该将他们驱赶到莽莽草原之上，不可留居内地，以绝心腹之患。

只有新上任的中书令温彦博力排众议，主张宜采取汉武帝对待匈奴内附的办法，将突厥降众迁居到水草丰美的河套地区居住，即是河南、朔方之地，保全他们的原有部落，顺从他们的生活习俗，实行安抚政策。这样既可以充实空虚之地，又可以加强北方的边防戍卫力量。最后，他指出：“天子对万事万物，应该像天覆地载一样，无有遗漏。今天突厥在穷困潦倒之时归降于我，能将他们拒之于外而不予接受吗？”

隋唐时期，“中书省”为讨论政策的研究机构，中书令为长官。温彦博，太原人，年轻时曾被东突厥颉利可汗掳捕，流放阴山。隋朝中进士。唐太宗即位后进入大唐朝廷任职，初任中书舍人，后迁中书侍郎。贞观四年，温彦博升任中书令。因为他早年有与东突厥交手接触的经验，拓宽了他的多角度视野，所以他的谏言，获得了唐太宗的重视。唐太宗采纳了这一建议，安抚降众，和缓民族关系。

唐太宗很赞成温彦博的建议，并补充说：“自古皆贵中华，贱夷狄，朕独爱之如一，故其种族皆依朕如父母。”自古以来都是贵中华而贱夷狄，只有我对他们都是爱之如一的！于是，他便在河套地区设立了“定襄”和“云中”两个都督府，负责统领突厥降众。对于愿意归附的各级酋长，都拜为将军、中郎将，布列朝廷。统计当时五品以上的少数民族官员就有一百多人，几乎占了全部朝臣的一半左右，而相继迁入长安居住的突厥人口有将近万家。贞观年间，终于解除了为害几十年的东突厥边患。

唐太宗的这个政策，使得大唐国威远播四方，很快便得到了周边很多民族的拥护和爱戴，西域诸国尊唐太宗为“天可汗”，意思是“像天一样伟大的领袖”，也是“天下总皇帝”的意思，敬若神明。“天可汗”是荣衔，但是也成为当时东方世界的国际盟主，维持当时各同盟国的集体安全。各成员国之间的争执，由天可汗派员仲裁。若成员国受到攻击，天可汗要给予援助。天可汗可以调动各国军队组成联军，攻击违反同盟利益的国家。

飞龙在天的唐太宗，至此站在历史的最高点，也写下最璀璨的一页。

第六爻·上九　亢龙有悔。

亢，过于上而不能下的状态。九二者，龙之安；九五者，龙之正；上九者，盛极则衰。上九以刚处《乾》卦之终，过中，开始走向反面。过中，知上而不知下，知进而不知退，知存而不知亡，知得而不知丧。九三虽过中而能惕，所以“无咎”；上九刚极，知进不知退，亢而不下，故“有悔”。所以，只有圣人，知进退存亡，而不失其正者！

唐太宗自幼习武，十几岁时马上马下的功夫已经练得十分娴熟，甚至十八岁就开始金戈铁马的生活。几年戎马生活，因为力大无比，他特别擅长骑射，能在百步之外就能置敌人于死地，随身兵器中，最有名的是一张两米长的“巨阙天弓”。他对强弓钟爱有加，也因为喜欢，唐太宗养成了一有空暇，就研究弓弩的习惯，并自诩研究得十分精通，能一眼分出弓的好坏，说出行家一番道理。对于他醉心的东西“收而藏之”，这是唐太宗的嗜好与个性，只要听说哪儿有绝品良弓，他会想方设法据为己有。

长期以来，他搜集了十几张“绝品”良弓，即位后，更把它们收藏在宫中，不时拿出来把玩，认为天下的良弓皆莫于此了。一天，听说长安有一经验丰富、上了年纪的制弓能匠，人称“天下第一制弓高手”，引起了唐太宗的兴趣，他忙派人把这位老弓匠请入宫来。唐太宗把十多张收藏良弓全部取出，让他一一鉴赏，自豪的唐太宗在一旁，等着这位弓匠发出赞美和夸奖。

这位老弓匠接过弓来，一张张仔细地观看，只见他一会儿摇头，一会儿叹气。唐太宗赶忙问：“你看如何？”老弓匠又看了半天说：“弓的好坏关键在于制弓的木料……”说到这里，老弓匠停顿了下来，看了看皇上，心想该不该继续讲下去，听说皇上能纳谏，谁知是真的还是假的。唐太宗知道他心里害怕，和颜悦色地鼓励他讲下去：“老师傅但说无妨，不要顾虑。”

老弓匠抿一抿嘴唇：“一张弓的好坏，要看它是否刚劲有力，是否射得远，更要看它是否射得准。而能否射得准，关键在于做弓木料的脉理是否良好。启禀皇上，您这些弓所用木材的木心，可惜都不是很正，木头的脉理也就走斜了，这些弓虽然有力，但射出去的箭也如弓的脉理一样会走歪，自然影响了命中率，它们都是强弓，也是良弓，但不算是绝品好弓。失礼了，皇上！”

唐太宗听着听着，不自觉地一直点着头，这位老弓匠说得太有道理了，他抚着这些弓，心想这些弓已经伴随我这么多年，今天我才重新认识它们，对它们真正有所了解。由此而推，唐太宗想到了自己对人、对事的洞察，这位老弓匠今天给朕上了一堂宝贵的课啊！他厚赏了这位老弓匠。

老弓匠走了后，唐太宗对身边的大臣萧瑀说：“今天听了弓匠这番话，让我茅塞顿开。这些长久与我为伴的弓，有几张还跟我出生入死，征战沙场，我还没真正了解它们。那么天下的事，林林总总，变化万千，我又怎么能都懂呢？岂不是更应该向群臣虚心学习治国的道理？”

唐太宗懂得了“亢龙有悔”，所以他被称之“千古一帝”，下次有机会也说说另一位“千古一帝”——爱新觉罗·玄烨，清朝的康熙帝吧！

杨坚

我们君臣志同道合

离

巽

鼎

上九　鼎玉铉，大吉，无不利。

六五　鼎黄耳，金铉，利贞。

九四　鼎折足，覆公餗，其形渥，凶。

九三　鼎耳革，其行塞，雉膏不食，方雨，亏悔，终吉。

九二　鼎有实，我仇有疾，不我能即，吉。

初六　鼎颠趾，利出否，得妾以其子，无咎。

从苏州的寒山寺，认识魏晋南北朝的混乱时代

《三国演义》第一回便以“话说天下大势，分久必合，合久必分”当作开篇词，确实，在历史大河之中，有多次分分合合。这次我们来说说一个漫长的分裂时代——魏晋南北朝——之后的合并胜利方程式。

两年前我到苏州一游，有些景点是我定要走一趟的，有些很有名的景点因为兴趣缺乏，就略过。在苏州之际，当地友人讶异“寒山寺”为何没在我的造访名单中，他说:“你肯定要去！”结果拗不过他，还是去了。当时没欲望要去，那是因为寺里那口钟已不是“夜半钟声到客船”的古钟了。记得高中时，国文老师说抗战后它已经被日本兵偷走了，因为张继的《枫桥夜泊》脍炙人口，这首诗红到了日本，造成古钟失踪。如果是真的，那这个“日本雅贼”也太让后人“江枫渔火对愁眠”了。

友人说钟的事他无法确认，但如果钟非古钟，古寺还是“寒山”的寺啊！我才恍然，想起来“寒山与拾得”这两位癫狂的诗僧，原来“寒山寺”的“寒山”不是山，也没有山，而是那位贞观年间的高僧“寒山子”，因他曾经居住于此而改名“寒山寺”。我的兴致来了。

寒山寺建于南朝梁时，最初名为“妙利普明塔院”，位于苏州枫桥镇古运河旁。因这位唐代的传奇人物——寒山子——在此居住过而得名。至于“南朝梁”即是南北朝时期南朝的第三个朝代——梁，梁之前有宋和齐两个朝代，梁之后有最后的“陈”朝

代。寒山寺创建时即是“梁武帝”在位时，佛教历史中极其著名的素食主义者，他的年号后来改称“普通”，真是不普通！之后，他脱下帝袍，换上僧衣，舍身出家，总共三次，都是朝廷出资好多钱才把皇上赎回上班的。寒山寺便是在如此佛教盛行的时代创建的，现在古银杏成林。

南朝梁之后的陈，因为皇帝姓陈，所以国号称为“陈”，这是历史上唯一这么玩的政权，加上陈朝末代皇帝“陈后主”，大家都知道他的词，都是形容嫔妃们娇娆媚丽，如何堪与鲜花，怎么比美竞妍。如此荒唐不堪的南朝最后一位皇帝，自然由北朝的皇帝来收拾他，而这位北朝的皇帝——隋文帝，他成功地统一了历经数百年严重分裂的中国，从此以后的一百六十七年都保持着他所建立的政治统一。他怎么办到的？他做了哪些事？他的胜利方程式是什么？

经历南北朝战乱，民生疲弊的大地，完成统一的隋文帝杨坚，我们从他的父亲杨忠，虎父龙子的故事，开始说起吧。

杨坚的父亲杨忠，从少年旅行家到“骠骑大将军”

北周明帝时，有位鲜卑大臣豆卢绩因自叹未读儒家经典，自愿弃官去太学，皇上大为嘉许，鼓励他，甚至同意“去职留薪”。在北朝后叶，少数民族已经认同儒家文化，对“文化统一”已经没有障碍。至于，许多军人则把“政权统一”当是那时的军人天职，像是北周有位大将军贺若敦遭冤狱而死，临终前给儿子贺若弼的遗言竟是“毋忘平陈”！事实上，北朝有几个皇帝都有机会或是实力完成统一，是什么样的历史偶然，这个机会落在杨坚的身上？

杨坚的父亲杨忠，生在北魏末年，年轻时常常独自浪迹天涯，并且乐在其中，算是当时的背包客。十八岁那年，又独自去登泰山，饱览山东秀丽风光，不幸半途碰上南朝梁北伐中原的战争，莫名地成了俘虏。当时南北分裂，南朝也想北伐统一政权，可是往往虎头蛇尾，没有结果就草草结束。杨忠被押送到南方，羁留了五年后，南朝梁又一次北伐行动未果，趁此机会，杨忠才回到北地中原。

之后，他加入了北魏——北朝第一个政权——名将独孤信的麾下，独孤信又是“大将军”宇文泰的儿时伙伴。五三四年，北魏分裂为东魏和西魏，虽然两边的皇帝都还是姓拓跋，鲜卑兄弟。但是掌权者东魏是高欢，西魏则是宇文泰，所以独孤信与杨忠当然是选边靠向西魏。对于独孤信的忠诚度，宇文泰当然不须顾虑，可是杨忠嘛，暂时保留，大哥找机会考核。

一天，大将军宇文泰在“龙门围猎”，准备考核多位将领的射骑、勇气与品德。“宇文”是复姓，属于鲜卑宇文部的姓氏。至于“围猎”活动，通常是猎物先被驱赶集中在狭隘的山谷，然后由大将军射第一箭，算是开场。这次被围的小狐野兔特别多，宇文泰一时技痒，便策马向前，想要小秀一下百步穿杨的本领，不料一头白额吊睛猛虎，突然从隐秘处窜了出来，张牙舞爪，正向着宇文泰扑来。所有的人一时惊呆，连久经沙场的宇文泰也慌了手脚。正在这电光火石之间，蓄了一口美髯的杨忠一个箭步赶到。

他跃到马前，左手一张，把扑在半空的猛虎拦腰挟住，老虎的血盆大口，张着斗大，杨忠倏地伸出右手死死扯出老虎的舌头，叫它咬不下也挣扎不得，惊醒回神的众人连忙一齐上前，七手八脚把这头猛虎擒获。惊魂甫定的宇文泰连连用鲜卑话指着杨忠，赞扬:“掩于！掩于！”就是老虎！老虎！从此宇文泰都称呼杨忠为“杨掩于”。龙门围猎后，西魏军队上上下下都知道了这位打虎将军，威名远播的杨忠，很快地升为“骠骑大将军”。

杨忠战功彪炳，少年小杨坚也水涨船高

大统七年，五四一年，六月初七，巨蟹座的杨坚出生了，他诞生在长安附近的“般若寺”。三十五岁的杨忠听说如果婴儿生在寺庙里，日后会交上好运。根据一些野史，在杨妈妈分娩前，般若寺的庭园里弥漫着冲天紫霞，这个瑞兆吸引了一位在黄河东岸的女尼，前来恭贺，甚至自愿当婴儿的保姆。

杨忠战功彪炳，升官不断，被封为“十二大将军”之一，而独孤信也荣升为“大司马”，两人友谊甚笃。一天，独孤信心情抑郁不乐，到杨忠家喝酒聊天，酒过三巡，独孤信望着对桌的杨忠，感触昔日打虎老弟已是中年将军，而自己更是从当年的英姿焕发青年将军“独孤郎”成了白发大。

带着醉意的独孤信，他看着在一旁的少年小杨坚，拉起了他的手说：“小朋友，我有七个女儿，六个已经出嫁，五岁的小女儿是我的掌上明珠，如果你有耐心，等她长大，我把她嫁给你当媳妇！”回头他又问：“掩于老弟如何？”杨忠忙着回答：“高攀！高攀！谁都知道支撑西魏江山的是你们八位柱国将军，‘大冢宰’宇文泰是你的儿女亲家，另外一位女儿也嫁到李虎柱国将军府。如果日后，宇文家做了皇帝，大司马您就成了皇亲国戚。小儿杨坚如能攀龙附凤，这是他的造化。”

所谓“八柱国将军”，宇文泰总领百官，督中外军，为柱国之首，另外广陵王则是因西魏皇族地位尊崇而挂名，所以实为六柱国。每个柱国将军下设有两个“大将军”，共“十二大将军”，杨忠就是其中的一位；每个大将军下有两个“开府”，共二十四个开府；每个开府下有两个“仪同”，共四十八个仪同；一个仪同领兵千人。这样，六柱国合计有兵四万八千人左右。这就是历史上著名的“府兵制”。此府兵制一直沿用了两百年，到唐玄宗天宝年间改为募兵制。

西魏恭帝三年，五五六年，西魏的真正掌权者——宇文泰在西巡时病死，灵柩送回长安，群臣和独孤信等人还是一片哀戚时，权臣宇文护——宇文泰的侄儿——突然宣布由宇文泰的三子十四岁的宇文觉，继承宇文泰的“大冢宰”权柄，美称“周公”。至于真正的大权当然落入了宇文护手中。五五七年，宇文护得将领支持，迫西魏恭帝禅让，十六年多的西魏灭亡。

然后宇文护把自己的小堂弟宇文觉扶上了龙椅，也宣布了北周王朝的建立，十五岁的宇文觉称为“大周天王”，史称“北周孝闵帝”。可是，真正享有皇帝实权的是宇文护。宇文护要的是“挟天子以令诸侯”，跋扈专权，宇文泰的老部下们当然不买账。双方斗争后，反对派败下阵来，宇文护以快刀斩乱麻之势除掉反对派，独孤信是反对派的首脑，除掉他比较棘手，不能轻易下手，因为他知道独孤信与宇文家族有着深厚的姻亲关系，又和柱国将军李虎也是儿女亲戚。而这位李虎，就是大唐王朝唐高祖李渊的祖父，这是后话。不过，另外还有一件大事正在发生：

眼前独孤信小女儿正跟打虎将军的长子——十七岁的杨坚定亲，宇文护怕杀了独孤信产生不必要的连锁反弹，造成自己的不利，便以小皇帝的名义赐独孤信“家中自尽”。自尽与杀头虽然都是没命，但是，自尽可以保全名声尊严和家族的利益，宇文护还是必须拉拢杨忠这等青壮派的军事贵族。

杨忠一面对宇文护表示效忠，一面吩咐十七岁的杨坚在独孤信自尽前，正式前去求婚。独孤信对着杨忠父子表示，如果要和小女儿定亲，有一个条件要同意：杨坚要答应不和其他妻妾生育男婴。在那个多妻妾的年代，这是有点苛求的条件，但是，杨坚毫不犹疑地向独孤信庄严地承诺。十年后，小两口结婚了，婚前，杨坚又一次向独孤信的小女儿重申了他的许诺。

两代的政治婚姻，让杨坚有了坚强的政治资源

独孤信自尽后，宇文觉虽然尚未成年，但想亲自执政，对宇文护的专政十分不满。九月，宇文护干脆杀了孝闵帝，另立二十四岁的宇文毓——宇文泰的长子，史称“北周明帝”，但他“好学有识，敏有识量”。宇文护畏惮无法操纵他，五六〇年四月，宇文护使人置毒于糖饼，又把明帝给杀了。再立十八岁的宇文邕——宇文泰的四子，史称“北周武帝”。纵观历史，杀过皇帝的人有很多，但以宇文护三年杀了三个皇帝：西魏恭帝、北周孝闵帝、北周明帝，堪称史上“屠龙第一人”！

在此动荡之间，杨忠被封为北周的“上柱国将军”和“隋国公”。所谓“上柱国”，就是当时立有“覆军杀将”战功者，最高封赐为上柱国。不满二十岁的杨坚，因父荫，当上了隋州刺史。天和三年，五六八年，杨忠在外地征战，生病后返回到京城长安养病，北周武帝和宇文护还亲自到杨忠的家里探望，足见这位勋臣的分量。不久，六十二岁的杨忠病死，二十八岁的杨坚袭爵隋国公。

天和七年，五七二年，三十岁的北周武帝在韬光养晦多年后，终于伺机诛杀了多行不义长达十五年的宇文护。北周武帝开始亲自处理国务，首先他改年号为“建德”，代表他要建立自己的治国风格。五七三年，北周武帝宇文邕确决三教先后，以儒为先，道次之，佛教最后。次年为了增加收入扩充军队，武帝强制还俗灭佛，使得寺院内原有的大量人口，开始向国家纳税服役。北周的

岁赋与兵力快速累进，北周武帝展现出雄才大略，他准备要发动灭东边“北齐”的战争。所谓“北齐”就是东魏的掌权人高欢死后两年接手的高洋——高欢的次子，干脆取而代之建立新朝代，东魏与西魏一样只维系了十六年多，可怜的难兄难弟国家。

杨坚与独孤氏成婚的那一年，杨坚小妾所生的女儿已经六岁。这位取名“杨丽华”的女儿，后来嫁给北周武帝的长子宇文赟，建德二年成了太子妃。

建德四年，五七五年，北周武帝见北齐政权腐败，决定乘机灭掉北齐，统一北方。第一次伐北齐，他在战略上北联突厥，南和陈朝，形成夹击北齐之势。十八万的大军目标洛阳，分几路兵马进入齐境，北周武帝明令禁止砍伐树木，践踏庄稼，犯者皆斩。反观北齐自己的军队恣意破坏自己百姓的财产，“行师殆同儿戏”，民心得失昭然可知。可是北周武帝半途染病，有点严重，所以这次的伐齐，以退回国内养病作终。

第二次伐北齐，就是次年，五七六年，这次主目标为晋州。北周武帝能和将士同甘共苦，身先士卒，在其传记中常见“登城搏战”之类的用词。渡过黄河后，北周军渐渐逼近北齐京城——邺城。五七七年，北周武帝向邺城发动总攻击，很快击败了北齐军，进入邺城，并且在青州抓到了北齐后主。国运二十八年的北齐灭亡。北朝又统一了。

北周的皇帝不争气，杨坚轻松夺得北朝江山

一年后，五七八年，一代英主北周武帝病逝，年仅三十六岁。太子宇文赟继位，史称“北周宣帝”。宣帝小时候就是个顽童，当上太子更是耽于玩乐，经常酗酒，北周武帝非常头痛，但是教子无方，只知道用棍棒教育太子，只要犯错就会严厉惩罚，结果养成了偏执又行为偏差的青少年。宇文赟还在守孝的时候，摸着年少时被父亲打的伤痕，骂着灵柩：“你死得也太迟了！”宣帝登基后的第一件事，就是报复当时在父亲面前说过他的坏话的人，可怜那些忠心耿耿的老臣，一个一个地被他用棍棒打死在朝廷之上。对于这种野蛮的刑法，宇文赟得意地称之“天杖”。

他是个暴虐荒淫的皇帝，沉湎酒色，又大肆装饰宫殿，可是品味太差了，把庄严的朝堂涂抹成庸俗的五颜六色，历史记录：“宣帝初立，即逞奢欲”。他也把庙堂祭祀祖先的祭器、礼器，统统搬进宫中当餐具。不准老百姓的名字有“天”、“高”、“大”、“上”这些字，甚至，姓高的人被迫全部改姓为“姜”。

他废除了自古皇帝只立一位皇后的规矩，一口气立了五位，创下新纪录，原来的杨皇后——杨坚的女儿——称作“天元皇后”，其他四位称为天大、天右、天左和天中皇后。宇文赟情绪不稳定，暴喜暴怒，令人不可捉摸，婉言规劝的杨皇后也被打了一百二十棍天杖，之后宇文赟对她稍有不满，就想用天杖将她打死。宇文赟也虎视眈眈地等着岳父杨坚一有任何差错，便要扑杀他。杨坚是聪明人，在逆境中，唯有韬光养晦等待时机，所以，

他深居简出，闭门谢客。

为了显示自己的崇高，宇文赟称“天元皇帝”，对臣下自称为“天”。大臣朝见时，必须事先吃斋三天、净身一天。他天天在后宫嬉戏，他的心腹特地为他在天元宫兴建一座专门表演魔术的舞台，节目称之“鱼龙杂戏”，这段寻欢作乐被写入了中国魔术史。即使如此，他还是觉得当皇上太辛苦了，第二年，他自任太上皇，成了史上最年轻的太上皇，二十一岁！他传位给长子宇文阐，史称“北周静帝”，问题是皇帝才七岁。

二十二岁生日刚过，仲夏，这位暴虐荒淫的皇帝咽喉疼痛不堪，得了暴疾，眼看快不行了，身边的心腹小人们紧张得很，他们的如意算盘结论是，制造假遗诏：天元皇帝归天后，要让正牌的杨皇后垂帘挂牌，再由皇后的父亲隋国公杨坚“入宫辅政”，让他出任“大冢宰”，然后大伙再政治分赃，瓜分政权。果然，那些帮杨坚抬轿的小人得逞了，暂时也分到一些好处，但后来下场不会好到哪里，不过这是后话了。

杨坚当了“假黄钺、左大丞相”，都督内外军事。黄钺，天子之器，非人臣所得专用，“假黄钺”即代表皇帝亲征的意思。当然，引起了其他人的嫉妒，本来觊觎朝廷大权的人，开始进行权力争夺，但全都败下阵。杨坚同时也消除了宗室势力和地方反对的声音，他已处在无人敢撄其锋的地位。

次年，五八一年的正月，杨坚启动“禅让帝位”的戏码。他让人替九岁的北周静帝写好退位禅让诏书，然后送到他的隋王府邸。杨坚先是假惺惺推辞，最后才“勉强接受”。二月，他穿上绛丝制成的龙袍，登上心仪已久的龙椅宝座，建立隋朝，年号“开皇”，史称“隋文帝”。这时的杨坚刚四十岁！而隋朝建立初期，面对的是一个百废待兴、百乱待治的局面。

在易经有一卦《鼎》，说的是“除旧布新，任用贤能”的道理，理的是“鼎新的时刻”的论述。《鼎》卦六爻取鼎的形象，初六是鼎足；九二、三、四是鼎腹；六五是鼎耳；上九则是鼎玹。鼎腹内有“实”：九二之实，利在于不食；九三之实，以不食为忧；至于九四，溢则覆矣。这三者有不同诫辞，说明“鼎新时刻”有不同的规律。《鼎》与《革》两卦紧密相连，不可舍弃其一，《革》是更改命运，《鼎》是将改革的成果加以凝固、结晶。

心机缜密、兵不血刃地当上了北朝的权力统治者，杨坚在政权基本稳定之后，确实展开了一系列的改革，励精图治，而且政绩卓著，我们来看看他“鼎新”的举措，也认识隋朝“鼎盛”的年代。

从《易经·鼎卦》看四十岁后的杨坚，如何统一分裂三百多年的南北朝

离

巽

上九　鼎玉铉，大吉，无不利。

六五　鼎黄耳，金铉，利贞。

九四　鼎折足，覆公餗，其形渥，凶。

九三　鼎耳革，其行塞，雉膏不食，方雨，亏悔，终吉。

九二　鼎有实，我仇有疾，不我能即，吉。

初六　鼎颠趾，利出否，得妾以其子，无咎。

《鼎》卦，上卦离火，下卦巽木，卦象就是木上燃烧着火焰，犹如用鼎煮食物的状态，喻示“鼎器”之象，全卦藉“鼎”煮物，把生的化为熟的，阐明事物“调剂成新”的道理。“鼎”既是帝王享用之器，也是颐养圣人和贤人的工具，国家有了圣贤辅佐，君位才稳定，天命才稳固。

第一爻·初六　鼎颠趾，利出否，得妾以其子，无咎。

颠，反置；趾，脚部，形容初六像是鼎器的脚足；否，恶也。鼎，“木火相因，金在其间。调和五味，所以养人”，“上则调和阴阳，下而抚毓百姓，鼎能熟物养人”。可是如果鼎里面已经有不善者，再补入善者一起烹煮，结果“而善者弃也”还是不能食用。所以，烹饪之初，宜先洁净鼎器，将不善的废物残渣倒出，故有“鼎颠趾，利出否”——先除旧才可以布新。

初六爻质柔位卑，又不当位。下卦的初六卑巽顺从于九四，有“妾”之象。“鼎”以“出否”为利，不须求完美的出身，像是不计较卑贱的“妾”，她如能母以子贵，也可得有无咎。隋文帝虽不是光明正大取得帝位，但不碍他的鼎新之路。

隋文帝登上金銮宝座，坐稳了，开始施展他的雄才大略。他对政治制度进行了一系列重大改革，好像他把原来“鼎”内“北周的过期食物”倒掉去除，清洗鼎腹，重新烹煮，整个“北朝”气象大千。他制定或是创新了一些制度，影响后世非常深远，这是他了不起的地方。

首先，确立中央政权体系为“三省六部制”：中央设尚书省、门下省、内史省，以尚书令、纳言（唐朝时改称侍中）、内史令（唐朝时改称中书令）为首长，行使宰相职能，辅助皇帝处理全国事务。内史省负责决策，门下省负责审议，尚书省负责执行。这就是后来被唐朝继承的三省制。

其中“尚书省”是国家最高行政机关，其下设吏部、民部、礼部、兵部、刑部、工部六部，每部设“尚书”总管本部政务。具体办事机构就是这六部：

吏部，掌管全国官吏的任免、考核、升降和调动；
民部，掌管全国的土地、户籍以及赋税、财政收支；
礼部，掌管祭祀、礼仪和对外交往；
兵部，掌管全国武官的选拔和兵籍、军械等；
刑部，掌管全国的刑律、断狱；
工部，掌管各种工程、工匠、水利、交通等。

从此“六部”的组织架构一直沿用了千年，其中，只有微调“民部”名称为“户部”，即使台湾的明郑时期也依然采用六部的行政体系。可以说自隋定制，一直沿袭到清朝。

隋文帝也简化地方官制，因为以前政府的三级设置过繁，“官多民少”，开皇三年，五八三年，改革郡县设置过滥的问题——废郡，简化为“州县二级制”，州设刺史，县设县令。对于地方机构也进行了精简改革，以“存要去闲、并大去小”为原则，裁汰了大量的冗官，节省了开支，提高了效率，也减轻了人民的负担。

隋文帝把选拔官吏的权力收归中央，开始采用“分科考试”的方式选拔官员，他创建了全新的“科举制度”。隋文帝下诏举“贤良”，他令“诸州岁贡三人”，各州每年推选三个文章华美、有才能的人参加考试，合格者可以到中央受官。到了隋炀帝时，又创立了进士等科，算是完整科举制度的开始。而此制度能够长存一千三百多年，直到清朝末期才被废除，这在人类的文明史上，是很惊人的！

从隋唐到光绪的一千三百年，总共有六百三十八位状元。第一位是唐朝武德五年的孙伏伽，末代状元则是光绪三十年的刘春霖。受到小说和传奇故事的影响，民间通常认为只要考上状元，就会抱得公主归，成为让人艳羡的驸马爷。其实，历史上只有一个驸马状元，他是唐宣宗万寿公主的夫婿郑颢。郑颢本来已经迎娶了楚州姑娘，唐宣宗硬是将郑颢召回长安，把公主嫁给他。婚后公主不守妇道，郑颢痛恨不已。真的，这些金枝玉叶可能很难搞定，驸马状元的故事听听就好。

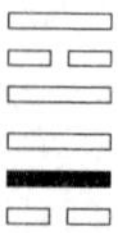

第二爻・九二　鼎有实，我仇有疾，不我能即，吉。

九二是鼎腹装入“实”的开始。我，就是九二；疾，古通“嫉”；仇，仇辈、同辈。“我仇有疾”，就是经过“鼎有实”的变革，引起了我仇辈的嫉恨。“不我能即”，他们虽然在嫉恨我，但又不能把我怎么样。作应该作的“正事”，不要介意他人的嫉恨，当然是吉！

什么是“正事”？九二与初六的爻间关系为“承”，理应为“阴承阳顺”，为“吉”，九二应六五，“阳刚与阴柔相应”，也为“吉”。九二爻刚刚开始有实，以不食为吉，原因是鼎腹内的东西未足够，不要轻率食用。换句话说：“如果是邪柔不正，不能就之矣。”东西摆得不正，不食；数量不足，不食。

魏晋南北朝几百年中间，北方各少数民族和汉族已经逐渐融合在一起了。有时汉化，有时胡化。在“北朝”的北周和北齐年代，大约三十个年头，上层的贵族又开始热衷于鲜卑化与西胡化。直到北周武帝亲政后，倡导汉化的天平又摆向这一边，可是北周武帝英年早逝，北周的汉化还是搁浅了下来。隋朝建国后，隋文帝重启汉化，他甚至展开行动拯救了汉文化，因为春秋、汉代的文化典籍，在几百年来的战火焚毁下，已经大量遗失。

开皇三年，五八三年他下诏求书，“献书一卷，赏绢一匹”、“民间异书，往往间出”、“一、二年间，篇籍稍备”。隋朝时期的藏书量为历代最多的，藏书最多时达三十七万卷，七万七千多类的图书，然后再由“博士罄悬河之辩，侍中竭重席之奥，考正亡逸，研核异同，积滞群疑，涣然冰释”。

除了国内制度改革、倡导汉化之外，在杨坚掌权之后，他确立了对外征战的关系与前后顺序：先与南方的陈朝谈和，麻痹他们，集中武力于北方战线，裂解突厥势力，弱化成了东突厥和西突厥。接连以战逼和了东边的高句丽、西边的吐谷浑。最后，才发动战争，向南征讨陈朝，完成统一。在事后看来，杨坚虽然不是武将出身，但他订立的“南和北攻，先北后南”战略最后证明是极为成功的。

所谓突厥，中亚民族主要成分之一，五世纪中叶被柔然征服，徙于阿尔泰山南麓，阿尔泰山又称“金山”，山形像似战盔“兜鏊”，俗称“突厥”，因而得名。五五二年突厥打败柔然，建立起幅员广阔的突厥汗国，势力迅速扩展至整个蒙古高原。北周与北齐并立时期的“北朝”，都慑于新兴突厥汗国强大的军事实力，采取向突厥纳贡、和亲的政策。北朝到了隋文帝之后，才有了“隋强突弱”的局面。

开皇八年，五八八年，三月，隋文帝下“伐陈诏”，历数陈后主罪恶，并抄写三十万份，散发江南各地，这是很惊人的文宣战，也是历史上的创举。十月，命杨广率军五十余万，分别从八路出兵。隋军在长江沿线，“东接沧海，西拒巴、蜀”，旌旗舟楫，横亘数千里，准备对陈发起全面进攻。

覆灭就在眼前的南陈王朝，政治军事一团糟。许多有危机感的官员要求采取紧急措施时，昏君陈后主却说：“王气在此。齐军三来，周师再来，无不摧败。彼何为者邪！”北齐的部队来过三次，北周的部队也来过两次，每次不都失败了吗，隋军来又能怎么样！媚臣孔范也帮腔说：“长江天险，自古分隔南北，隋军能飞过来吗？”“这些都是江边守将想要功劳，故意把军情说得很紧急。”

隋文帝已经准备了八年，对于吞并南陈王朝，以前是食物摆得不正，不食；数量不足，不食。现在时机成熟、理由正当，士气高昂。北朝的山风，已经吹满南朝整个楼了，山雨随时倾注而下。

第三爻·九三　鼎耳革，其行塞，雉膏不食，方雨亏悔，终吉。

鼎耳，此处指的是与九三相应的上九；革，热物；膏，甘美的食物，用以比喻禄位；方雨，且将雨也；亏悔，因不足而有悔。

九三鼎腹的熟物，由上九处扛举。而上九是“离卦”之极，火之所炎，结果鼎耳太烫无法搬移，“足以废塞其行而不足以革”，所以说“鼎耳革，失其义也”，九三与上九不合，如同不得其任，而无以施其才、行其道，所以“其行塞”。九三鼎腹的“实”，应该可以食用了，可是鼎耳太烫，导致“其行废”，所以虽有“雉膏”也不吃，有禄位也不居。

然九三毕竟以刚居阳，当位得正，处巽顺之体，而无过刚之弊，虽不得上九的阳，但得六五的阴，九三与六五阴阳和畅，得雨。说明九三守正君子与六五柔中之主，终将和合。开始虽有不食之悔，最终仍有相遇之吉。

杨坚制定了完善的征服南陈的军事计划。先将精兵集中在安徽的滁县、和县，督造各种船只，五层高的大船可容纳八百官兵，小船则可载官兵百余人。加上多年前所派出的隋朝名将韩擒虎为庐州（今安徽合肥）总管、贺若弼为广陵（今江苏扬州）总管，这两处是与陈朝接壤的长江北岸军事重镇，而这两位名将力智并用，紧锣密鼓之中，各自的准备工作非常精彩：

胆略见称的韩擒虎：积极整军经武，训练士卒。他派出大量间谍，收集陈朝情报，也收买江南民心，使得南陈的百姓不会视北朝为雠寇。同时建造船只，扩充水师。驻庐州数年，韩擒虎勇而有信的名声传遍长江两岸，在陈朝的将士中，有相当比例的人数，甚至不把韩擒虎当成敌人。百姓与士卒对南朝国家的认同感已经淡化，甚至消失。

计谋颇多的贺若弼：因为北方的隋朝马匹比较多，南方的陈朝则有大批船只。贺若弼将军中老马卖给南朝，转而购买陈朝的好船，以备渡江作战之用，一消一涨，双方的军事力量渐渐失衡。贺若弼再把买来的船只涂上黄色，藏匿在江边枯草与芦苇中，同时以破旧船只五六十艘明显地展示于港湾上，麻痹陈军。

在“以马换舟，分隐船只”之际，贺若弼多次将换防士兵集于广陵，旌旗飞扬，遍设帐篷，还使士卒沿着长江以北射猎，人声喧嚷，战马狂奔，以迷惑长江以南的陈军，刚开始几次“敲锣打鼓的演习”，陈军还紧张戒备，之后，发现他们只是部队换防，是个“狼来了”的空包弹，渐渐松懈，甚至不加戒备了。

三十六计的第一计“瞒天过海”：“备周则意怠，常见则不疑。”意思是：防备十分周密时，意志和精神容易懈怠；因为经常看到的东西，往往不容易怀疑，习以为常而产生了疏漏和松懈。所谓计谋往往隐藏在暴露的事理上，贺若弼的“瞒天过海”心理的运用，是一种“示假隐真”的疑兵之计，用来伪装，以期达到出其不意的战斗成果。有一天，真的狼来了。

开皇八年，五八八年，杨坚命皇子晋王杨广为总指挥，共五十多万水路军，兵分八路征伐南陈。三路攻江夏，五路直接攻向陈朝京城建康。五路之中，贺若弼为东路先锋，韩擒虎为西路先锋，还有三路由其他将领指挥。进攻时间：大年初一！

南陈这边，蒙在鼓里的陈后主与前线官兵们，则欢喜准备跨年倒数，新年快乐！

第四爻·九四 鼎折足，覆公餗，其形渥，凶。

鼎腹到九四已经是最高处，再投注食物就会有盈溢倾覆之患。餗，鼎实也；形渥，羞愧之甚。南朝的国家政权，从根基遭到了破坏，国家之鼎即将倾覆。

九四与六五逆比，而下应初六阴柔小人，初六本不该任用，而九四却重用之，小人不胜任而败事，像是鼎的折足，导致倾覆鼎实。所以孔子说："德薄而位尊，知小而谋大，力少而任重，鲜不及矣。"九四乃近君之臣，所以称之"公"，"其形渥"比喻九四因用人不当而败事，有负六五君主之托，羞愧之甚，凶矣！

五八二年，隋朝开皇二年，也是南朝的太建十四年，南朝的第四个皇帝"陈宣帝"死了。陈叔宝继位，史称"陈后主"——历史上有名的荒淫昏君，他自命为"无忧天子"，视朝政为儿戏，不恤政事，不问百姓死活。

当隋军正在江北磨刀霍霍之际，陈后主和他宠爱的妃子张丽华、龚贵妃、孔贵妃，加上一些大臣，正在美轮美奂的"三阁"饮酒赋诗，"三阁"高耸入云，门窗栏杆都是用沉香木、檀香木所打造的，满阁生香。他们依旧沉湎歌舞，通宵达旦。陈后主当时正写下著名的亡国艳词《玉树后庭花》：

> 丽宇芳林对高阁，新装艳质本倾城。
> 映户凝娇乍不进，出帷含态笑相迎。
> 妖姬脸似花含露，玉树流光照后庭。
> 花开花落不长久，落红满地归寂中！

除夕夜，江面漫天大雾。韩擒虎决定趁此良机过江，他只率领五百精锐士卒，在夜雾掩护下悄悄地逼近采石。驻守在采石的陈军则是刚刚庆祝除夕，喝得酩酊大醉，完全没有察觉站在眼前的是对岸的隋军。韩擒虎占领采石后，继续东进，也顺利地占有了姑熟重镇——建康西南方的大门，接着再进入距建康二十里的新临浦。韩擒虎驻扎在江北快有十年，这些年来江南军民早已熟知他的威名和仁义，所以他一路进逼建康，沿路竟有无数的陈军向他投诚，连他驻扎在建康城外时，热络的江南父老甚至连夜来探望他。

另一方面的贺若弼，轻易地乘着大雾偷渡长江，迅速攻占京口。而此京口一战，计有六千陈军俘虏，贺若弼把他们全部释放，还发给他们粮食和路费，让他们顺利返乡，结果这六千人的宣传大队，形容隋军是仁义之师，使得贺若弼部队轻松地挺进建康，加上韩擒虎的部队，隋军轻易地包围建康。此时隋军的人数不到万人，而在建康周遭的陈军却超过十万人马。

面对敌寡我众，昏庸的陈后主竟然多次拒绝守军将领的请战要求，“门外韩擒虎，楼头张丽华”说的就是当时的情况。直到隋军主力部队陆续抵达，陈后主才感到事态严重，慌乱中摆出“长蛇阵”，连亘二十余里，首尾不能相顾。双方开始对阵，攻防一阵之后，陈军大溃，将领纷纷投降，甚至，回过头来帮忙隋军带路。最经典的是陈军的任忠老将军，竟然反向朱雀门守城的兵卒喊话：“老夫尚降，何况尔等！”老子我都投降了，你们还守什么城！

最后，陈后主身边的大臣只剩尚书左仆射袁宪一人，袁宪建议皇上如同南梁武帝见侯景的故事一样，庄严地向隋军投降，但是陈后主畏惧而不从，他说他自有妙计。

韩擒虎率兵冲入宫殿，遍寻不着陈后主。后来得知他藏身在景阳殿的一口枯井里。隋军在井口喊：“陈叔宝！陈叔宝！”没有响应，于是又喊话，再不回应就要丢石头了，这时候才听到井里讨饶的呼叫，士卒们放下吊篮，要把人拉上来时发现异常沉重，以为龙体确实与众不同，等到吊篮到了井口，才发现陈后主紧紧抱着张丽华和孔贵妃。相传当时由于井口太小，三人一齐挤上，张丽华的胭脂被擦在井口，从此，这口井被叫做“胭脂井”，也有人称之“耻辱井”。

南陈的“鼎”足断了，鼎身倾覆，陈朝就此灭亡，那一年是五八九年，南北朝分裂的时代也结束了。陈后主在位七年，之后陈叔宝在长安被软禁，日子过得还不错，有人向隋文帝举报陈叔宝常酗酒致醉，很少有清醒的时刻。隋文帝说：“由着他的性子喝吧，不这样，他怎样打发日子呀！”陈叔宝死于六〇四年，离亡国十五年。

魏晋南北朝的时代：从二二〇年，曹丕强迫东汉的汉献帝禅位，建立曹魏开始，一直到五八九年，隋朝灭了南朝陈，前后共三百六十九年。结束漫长分裂，完成南北统一，开皇九年三月底，历史又翻了一页。

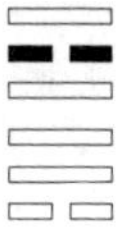

第五爻、六五　鼎黄耳，金铉，利贞。

六五就是“鼎耳”；“黄”是五行颜色的“色之中”。六五以柔居中，所以“鼎黄耳”之象，中而不亢，柔而有容。金，刚硬的东西；铉，贯穿鼎耳以举鼎的长棍，形状像是农夫的扁担。金铉，指的是上九。要知道主一鼎者是“耳”而不是“铉”，如果“耳不虚”没有中空的洞，虽有铉也无所动。但是有耳，没有铉，鼎内有实还是无所施。

六五亲比上九，用鼎的六五虚其中，以纳上九阳刚之铉的帮忙，使得“一鼎之实得以利及天下”。因为六五以居阳，此处强调要“利贞”。

从冬末到春初，骑青骢马的韩擒虎将“隋旗”插上了建康城。战争前，江南已经流传着一首童谣：“黄斑青骢马，发自寿阳涘。来时冬气末，去日春风始。”当韩擒虎擒住了陈叔宝，立下首功，人们便把这首童谣附会到了韩擒虎的身上。

隋文帝杨坚开始论功行赏，本来居首功的韩擒虎应该敕封“国公”，但最后以“放纵部下淫乱陈宫”为理由，降封“寿光县公”，进位上柱国，拜凉州（今甘肃黄河以西地区）行军总管，要他去防御边患，全力遏阻北方突厥的侵扰。

隋朝灭了南陈后，突厥又蠢蠢欲动，不时派使者到隋朝打探情况。有一次，突厥的使者又到了长安，在朝会时，隋文帝问他说：“你知道江南有个陈朝吗？”使者回答知道，之后隋文帝命人把这位使者引到韩擒虎面前，隋文帝接着说：“这位就是活捉陈朝皇帝的那个人！”容仪魁伟的韩擒虎，威风凛然，双目炯亮，雄壮威严站立不动，突厥使者惶恐不安，竟然不敢多看韩擒虎一眼。隋文帝派韩擒虎镇守凉州，确实对突厥具有巨大的震慑作用。

边防稳定，韩擒虎返回长安，隋文帝于内殿宴之，恩礼殊厚。开皇十二年，五九二年，韩擒虎寿终正寝，他是隋朝功臣中罕见的幸存者。他的幸存原因是能始终不犯隋文帝的忌，保得恩宠。由唐太宗监督编撰的《隋书》，有记述他晚年临死前夕，“其邻母见擒虎门下仪卫甚盛，有同王者，母异而问之”，街邻的一位老太太看到韩擒虎家门口，列站了许多穿戴整齐的卫士，如同皇家的仪卫队一样，感到十分诧异，便上前询问怎么回事？其中人回答：“我来迎王！”话说完，人就不见了。

不一会儿，“又有人疾笃”，就是有人精神恍惚，忽惊走至韩擒虎家说：“我欲谒王！”左右问他：“何王也？”答曰：“阎罗王！”韩擒虎的子弟听了十分气恼，欲挞之。韩擒虎闻声从屋内出来制止说：“生为上柱国，死做阎罗王，斯亦足矣。”因寝疾，数日竟卒。民间有“四大阎王”的说法：包拯、范仲淹、寇准还有韩擒虎，他们皆是历史名臣。

第六爻·上九　鼎玉铉，大吉，无不利。

鼎铉，指上九；玉，刚而温美之物。六五的鼎耳是“用”，上九的鼎铉是“功”。上九一阳，像是横亘在鼎耳上面，形体像是一根“铉”，“玉”有刚柔之体，如同上九以刚居阴。鼎耳六五之虚柔与上九鼎铉之刚直，刚柔相济，所以“鼎玉铉”之象。至此，刚柔适中，鼎道大成，当然大吉，无所不利。

韩擒虎、贺若弼是隋文帝杨坚的超级名将。而隋朝是科举制度萌芽并奠定的时代，文官的地位有了很大提升，隋文帝也采用许多非常精彩的文臣：

赵煚是隋朝的首任宰相，秉性刚直，因直言相谏而得罪了隋文帝，以“忤旨”为由，被贬出朝廷，到冀州去当刺史。他到了冀州，接到许多对不法商人的投诉，这些弄虚作假的商人，大斗进小斗出，许多人吃了缺斤减两的暗亏。赵煚想出了用铜做了个“标准的斗量”，放在市集中央，让大家都可以用它来检验店家所卖的斤两，从此商业纠纷减少了许多，百姓称赞。隋文帝知道后，下诏嘉奖了赵煚，也下令打造大量“铜斗铁尺”供应给各州的市集，并且把它列为隋朝的制度。今天我们有公平秤，都是源于赵煚的发想呢。

平陈战争的主要策划人——高颎——隋朝的第二任宰相。其实在开皇二年，五八二年，隋文帝已经开始调集大军，准备要讨伐江南的陈朝。正在筹备之际，忽然传来在位十四年的陈宣帝死了，担任监军的宰相高颎劝隋文帝："自古兵不伐丧，敌国正在办丧事，进攻还是延迟些时日方好。"这话有大国王者之师的仁义气度，其实是国家有难，戒备必定更严密，士气也更高昂，这就是哀兵必胜的道理，隋文帝自然懂这个道理，顺水推舟，采纳了高颎的建议。

在伐陈时机尚未成熟之前，高颎向隋文帝建议，进攻的准备要及早部署。像是贺若弼的"瞒天过海"，就是高颎的妙计之一。他还建议"火烧粮仓"，北方干燥，收割的粮食多藏于地窖；南方潮湿，粮仓都是以竹木茅草搭建，等他们秋收后，我们多派些间谍纵火烧掉他们的粮仓，他们重建，我们再烧，几年后，他们疲于奔命而且粮食不足，当我们进攻时，他们自然望风披靡。

他还有一个创举："三十万份的传单！"。距最后决战日期不到一年，南下的隋军开始散发三十万传单，上面列举陈叔宝的二十大罪状，张张都盖上隋文帝的御印，陈朝有多少军民读过？真正效率如何？史书没说，不过这种战前心理战，在古代还真是首创。还有，这三十万份的传单全是手抄写的，一个字一个字地写，真不知写断几只手。或许如此，"雕版印刷"的发明出现在不久后的唐朝初期，高颎的手抄文宣可能是诱发的原因之一，这是我推断的。顺便一提，毕昇发明的胶泥"活字印刷术"，那又是宋仁宗年代的事了。

高颎为隋朝统一立下了大功，朝廷论功行赏时，文臣武将人人争先恐后，韩擒虎和贺若弼两人甚至拔刀相向，争夺首功。只有高颎谦虚地说："我不过是个文臣，哪敢与大将军争功！"隋文帝在庆功宴上称："高颎平定了江南，虞庆则使突厥降服，可以说是功勋卓著啊！"

即使如此，高颎的背后还是有许多人搬弄是非，一些忌妒的话传到隋文帝那儿。隋文帝倒是明白人，有完整的鼎足、鼎腹、鼎耳，也要有鼎铉帮忙举移，如此阴阳相辅，国家九鼎才可稳当，他对着众大臣明白宣布："高颎好像一面铜镜，越是擦拭越是明亮皎然。"也对着高颎表态说：

"我们君臣志同道合，不是流言蜚语所能挑拨的。"

谢安

永和九年

巽

艮

渐

上九　鸿渐于逵，其羽可用为仪，吉。

九五　鸿渐于陵，妇三岁不孕，终莫之胜，吉。

六四　鸿渐于木，或得其桷，无咎。

九三　鸿渐于陆，夫征不复，妇孕不育，凶，利御寇。

六二　鸿渐于盘，饮食衎衎，吉。

初六　鸿渐于干，小子厉，有言，无咎。

永和九年三月三日，历史上的经典文艺酒宴

事情从东晋的晋穆帝永和九年说起。

这是历史永远记住的一年，三月三日上巳节，当天“天朗气清，惠风和畅”，暮春之初的会稽兰亭正是“茂林修竹、清流激湍”，王羲之与谢安和一群朋友、子侄共四十多人，一起“宴集于会稽山阴之兰亭”，游玩修禊。修禊，古人在阴历三月三日，临水濯濯，借以祛除不祥的祭祀。后来渐渐变成风俗，这一天人们结伴出游，到溪边嬉戏。文人雅士则会相约踏青拾翠，饮酒赋诗。

王羲之一行人在兰渚山脚的兰溪边举行了修禊之礼，众人兴致不减，在溪边竹荫下随意坐卧。潇洒的谢安提议用“曲水流觞”的方法，该谁喝酒、该谁赋诗，皆依天意，众人逸趣大动，鼓掌赞同。大家各自找了溪石沿岸端坐，只见一只只盛着美酒的木觞漂荡在水上，缓缓顺溪流下，在谁面前停靠，谁就可取此流觞饮尽其中之酒，然后赋诗一首。于是众人陆续饮酒赋诗好不热络，流觞助酒兴，饮酒助诗兴。其中谢安的四言诗：

伊昔先子，有怀春游。
契慈言执，寄傲林丘。
森森连岭，茫茫原畴。
迥霄垂摸，凝泉散流。

诗会大约进行了一个时辰，有二十六人都留下作品，有的还不止一首。王羲之见大伙兴致高昂，让书童记录众人的诗句汇成

一卷。在如此文艺盛会尾声，酒意酣畅的王羲之，书兴大起，写下了一张行书《兰亭集序》，后来有了“行书第一”之誉。而当天“群贤毕至，少长咸集”，如此的“一觞一咏”的雅事竟成了千年来，所有文人们艳羡的境界。

那一年，王羲之五十一岁，谢安三十四岁。王羲之正是书法飘逸流畅之年，另一位谢安，虽然仍隐居东山，但他高逸的情怀，已几乎囊获当时天下所有名士的推崇。这位充满熟男魅力的谢安，他是如何的文雅与洒脱，成了那个年代的超级偶像？

东山丝竹，谢安快乐的恬适隐居生活成了历史图腾

更早些年，东晋朝廷先是征召谢安入司徒府，接着又任命他为佐著作郎，都被他以有病为借口推辞了。后来，拒绝应召的谢安干脆隐居到会稽的“东山”，与王羲之、许询、支道林等名士名僧交游甚密，出则游逸山水，入则吟诗咏文。甚至，多次带领着乐妓，优游于山林之间。当时担任扬州刺史的庾冰仰慕谢安的名声，三番两次命郡县官吏催逼他当官，谢安不得已，勉强赴召。仅隔一个多月，他又辞职回到了会稽。后来，朝廷又曾多次征召，谢安仍然予以回绝。因此，激起了不少中央大臣的不满，接连上疏指责谢安不驯，朝廷因此作出了对谢安禁锢终身的决定，就是“官位封杀令”，就是说：敬酒不喝？以后你如果想当官的话，想都不要想了！

然而才气隽秀的谢安却不把此事放在心上，他还是快乐地在东山过着“啸咏山林，浮泛江海”的恬适隐居生活。

元朝《东山丝竹图》，这是谁的画作？不详。画轴总长近一百九十公分的绢布，没有任何文字叙述，大部分的空间满眼山色，浓重的青绿，尽是连绵不绝的崇山巍峨，云雾缭绕下有溪流蜿蜒山间。画作右下部绘有庭院一座，华屋数楹，堂前院中乐女多抱丝竹乐器，谢安正携仆迎客于院外，前后数名嘉宾，其中一位身影绰绰的正是王羲之。

东晋时期，纷扰的杀伐年代，一些文人肩上有社稷，一些文人嘴上有天下。谢安总渴望孤独，愿意找个山水胜处躲避起来，但又免不了想在栖息驻足的山脚，响起文儒云集的斐然。于是，《东山丝竹图》画中仿佛有丝竹乐声流溢而出，山水佳景，加上谢安的雅游和王羲之的逸兴，整个东山就堂而皇之地进入了中国文人的内心山水。

因为谢安与王羲之这样的生活领悟与心灵醇醑，所以元朝时代大多数苦难与苦闷的读书人，排遣的心灵窗口。国祚总计九十七年的元朝，由忽必烈在一二七一年所创建，离东晋永和九年已经有九百一十八年之遥了，时间久远，但是由于元代取消科举制度，限制汉人做官，许多文人找不到出路，即使有了些官职多是芝麻绿豆差事，只能随波逐流在官场。郁郁寡欢之中的才情，琴棋书画成了出路，元代文人作画的目的与以前的画院画师不同，他们几乎不以作画当是谋生工具，而是成了心中愁绪的出口，或是怡情养性之用。

元代绘画中心，不在京城所在的北方，而在富庶风流的江南。他们推崇东晋文人倜傥的性情，许多淡雅天然的山水画风，成了许多文人在历经了生命的挫折后，都不同程度地有过隐居的生活。谢安与王羲之这两位让人神往的竹林知交，成了元代文人贴烫灵魂的救赎。

年轻的王羲之与鸭儿饺子铺的老婆婆

王羲之幼时，经父亲传授笔法论，年少师从大名鼎鼎的女书法家卫夫人。卫夫人的书法娴雅婉丽，流畅瘦洁，在历史上的才女排行榜上赫赫有名，以“卫夫人体”独树一帜，大书法家钟繇称赞她的书法“碎玉壶之冰，烂瑶台之月，宛然若树，穆若清风。”所以，王羲之天赋之外，加上了卫夫人的调教，年轻的他，书法成就早就得有“贵越群品，古今莫二”的美名。

一天，笔锋初露的王羲之，走在东晋京师“建康”的街上，他经过一爿饺子铺，“鸭儿饺子铺”门楣的两边写着：“经此过不去，知味且常来。”好大的口气！王羲之这么想着，同时看到这十个大字写得毫无骨力，结构又别扭。是谁写出这种字来献丑？又是一个念头，正想转身走人，可是腹中饿意已起，又见铺内食客满座，就走了进去。

就在这个铺子，王羲之遇见了他的人生第二位女老师。

甫坐定的王羲之，蓦然看到不远处的矮墙外，只见一个个饺子从墙上飞越而来，不偏不倚，都落在沸水翻滚的大锅中央，十分准确，这下子把王羲之看得惊呆了。同时伙计端上一大盘水饺，玲珑精巧，个个活像浮在水面的游鸭。吃完了鲜味可口的饺子，王羲之径自走向矮墙外，只见一位白发老婆婆坐在一块大面板前，独自擀皮、包馅，动作利落娴熟。一会儿工夫板上饺子全部包好，老婆婆她边跟伙计交代事情，同时随手把一个个饺子鱼贯抛出墙外，连看都不看一眼。

“敢问老妈妈，你学了几年才练成了这手功夫？”在一旁忍了许久的王羲之，终于欠身问道。不想白发老婆婆竟回答：“熟则五十年，深练要一生。”

王羲之又问：“你包的鸭儿水饺果然名不虚传，门口的对联为何不请写得好一点？”那老婆婆火气地回话：“这位相公，你有所不知，我何尝不想请名人写幅好对子，只是像王羲之那个年轻人架子太大，学了不到我这功夫的一半时间，眼睛就抬上脑门，哪里会瞧得起我这爿小店？他的那点功夫，我看还比不上我这扔饺子功夫的一半深呢。”说完，低头继续擀着饺皮，看也不看王羲之一眼。

当然，故事最重要的结局来了，红着脸的王羲之帮了饺子铺重新写了对联，亲自送到了老婆婆手中。老婆婆赧着脸说道：“昨天言语失敬了，请王相公原谅。”王羲之躬着腰，受教地说：“师傅给学生讲的一番话，真是胜读十年书啊！您老就是我的老师，请受学生一拜。”

至此，从“勤练自省”出发的王羲之，历经卫夫人的穆若清风，转到鸭儿水饺婆婆的暮鼓晨钟，他的率真性情与潇洒态度，在急促的年代，走出闲适的脚印。后代评论家说，王羲之的笔法，草书浓纤折中，正书势巧形密，行书遒劲自然。

我说，王羲之草书如夜里的欸乃橹声，正书像莫高窟的神像色泽，行书宛若阵阵松涛和行空山云。笔墨里面有李白所说的“潇洒出风尘”，清雅率真。

谢安帮侄女谢道韫，在王羲之的儿子中挑选夫婿

高卧东山的谢安，在一个雪夜，与子侄们讨论可用何物比喻飞雪。谢朗吟道“撒盐空中差可拟”，谢道韫则说：“未若柳絮因风起”。谢道韫，是谢安大哥谢奕的长女，历史上有名的才女。《晋书》本传记她“风韵高迈”、“神情散朗，有林下风气”。谢安大大夸奖了谢道韫，认为她比喻精妙、文思敏慧。这一年谢道韫十四岁。

大哥谢奕已死几年，身为族长的谢安暗自思索着，要好好帮这位有“咏絮之才”的侄女选个郎君了，他的首选是王羲之的五子王徽之，永和九年的“曲水流觞”盛会，王徽之他也有列席吟诗。王徽之，字子猷，典故“子猷爱竹”，便是说爱竹如痴的他，曾暂时寄住他人空宅，便立刻命人栽竹。朋友问他：“只不过暂住，为何这么麻烦？”徽之大笑，手指着青竹说：“何可一日无此君？”

可是，这位王徽之老兄，前些日子发生了一件事，让谢安不安。

也是在一个雪夜，王徽之一时兴致大发，命人置酒，看到室外白雪皑皑，月光皎然，想起远方的好友戴逵，于是，当晚乘舟而行，第二天中午才抵达，但到了戴逵门前却不入访，竟返路而回。友人不解，王徽之回答干脆："吾本乘兴而来，兴尽而返，何必见戴！"虽然是轶事一则，但是，谢安总觉得这样的性情中人究竟不符合"好先生"的条件，所以，他最后选择了王羲之的另一个儿子王凝之为侄女婿。

谢安的不安，其实是有道理的。王羲之有七子一女，七兄弟之中，就属王徽之与小弟王献之兄弟两人感情最好。四十三岁的王献之病重去世，消息甫出，王徽之赶去奔丧，哀戚不泪，取出古琴弹奏一曲相送，曲毕，猛力将古琴摔落地上，悲恸说道："人与琴俱亡！"几个月后，王徽之也溘然病逝。

说到王献之，王羲之的么子，书法成就仅次于父亲，书法艺术上并称其父子为"二王"。王献之幼时，曾努力临摹父亲的笔法，一天，谢安造访王家，王献之取出他的字帖让谢安瞧瞧，说道："像不像父亲的字迹？"谢安端详看后说："韵味不像，不过这个武字的第一个点儿，像！"王羲之在一旁哈哈大笑："知我者安石兄，这个点，还真是我写的！"

大生活家王羲之与谢安的澹泊与从容

魏晋南北朝是一个戎马倥偬的年代，百姓陷入苦难颠沛流离的岁月，也是一个激浪和澹泊、颠倒加错位、复旧又超前的浑然世界。无数文人的心底思念与企盼，都在入世受挫之后，躲进了清谈大梦。王羲之与谢安却在小桥流水人家，展现一种宗教性的人生从容。

王羲之曾经在会稽郡当官，任上之时，当还在东山隐居的好友谢安给他写信说，自己练书法，可家里的纸不够用，他兴致一来，当即清点会稽仓库，把九万张库存的公家纸一把都送给了好朋友。桓温听说了这件事，忍不住哈哈大笑，说:“逸少真是不节！”逸少是王羲之的字，他始终的率真、正直、热情、善良、由性。他的一生都是如此，令人景仰，成语“东床快婿”说的就是他二十岁时的故事:

有一天，太子的老师——太尉郗鉴——派遣门生阮裕，到宰相王导家去为掌上明珠郗浚挑选女婿。要知道东晋之时，王家和谢家这两大家族并称，社会地位高，时人称他们为“王谢”，因为都居住在乌衣巷，人称这两家子弟为“乌衣郎”。我们看羊士谔的诗:“山阴道上桂花初，王谢风流满晋书”，就可想象王、谢家的地位是多么崇高了。后人多以“王谢”为高门世族的代称，唐朝诗人刘禹锡的“旧时王谢堂前燕，飞入寻常百姓家。”是感叹王谢旧居早已荡然无存的名诗，不过这是五百年后的慨谓了。

当时任职司徒的王导，摊手引向阮裕说道:“君往东厢，任意选之。”王家子弟知道，这是一个婚媾高门的难得机会，一个个神气端肃，唯独王羲之毫不在意。原来王羲之刚在半路上，再三赏读东汉著名书法家蔡邕的古碑后，所有心思全部沉迷其中，相亲一事早忘光了。

王羲之急急忙忙赶到王导相府，因为天气实在太热，就随手脱掉外衣，袒胸露腹，边喝着茶，边想着蔡邕的书法。阮裕见他这般神情模样，惊呆了，问他话也不答理。后来，阮裕把王羲之袒胸露腹的事，禀告郗鉴："唯有一郎在床上坦腹卧，如不闻。"郗鉴拍着手说："真有此事！好一个任性率真，胸襟豁达的公子呵！"郗鉴选中的就是这个"坦腹东床"的少年郎，从而为后人留下"东床快婿"的佳话。

谢安曾经跟王羲之学过草书和正书，但是他的行书最为人所称赞，北宋的米芾赞其书："山林妙寄，岩廊英举，不繇不羲自发淡古。"不繇不羲，就是说他的书体并非仿自钟繇也非学自王羲之，而是带有清淡朴拙古风的自成一格。

在易经有一卦《渐》，说的是"循序渐进，动静自然"的道理，理的是"渐而不乱"的论述。《渐》卦六爻取鸿鸟往来有时，先后有序。君子处潜藏之时，忌急讳躁，也诫陵节犯义。在《渐》的理解中，看到谢安和王羲之，他们如何以莼鲈之思，让生命熨贴在既清静又雅韵的角落，宁静而致远。

从《易经·渐卦》看四十岁的谢安，如何东山再起

巽

艮

上九　鸿渐于逵，其羽可用为仪，吉。

九五　鸿渐于陵，妇三岁不孕，终莫之胜，吉。

六四　鸿渐于木，或得其桷，无咎。

九三　鸿渐于陆，夫征不复，妇孕不育，凶，利御寇。

六二　鸿渐于盘，饮食衎衎，吉。

初六　鸿渐于干，小子厉，有言，无咎。

《渐》卦，上卦巽木，下卦艮山，卦象就是山上有树木，春去秋来，树木渐渐高大，喻示“渐进不乱”，全卦阐明事物发展过程中“循序渐进”的道理，也论述“逐渐演变的时刻”。在逐渐演变之中，如何与时并进，是大学问，也是脉动之中可以把握的人生功课。谢安四十岁终于踏上仕途，风声雨声，家事国事，在往后的岁月如影相随，看他如何写意从容其中，也看他如何像弈棋般地避开一些生死飞祸。

第一爻·初六　鸿渐于干，小子厉，有言，无咎。

干，河岸、水边；鸿，大雁。大鸟而水居，在水则以得陆为安，在陆则以得水为乐。初六第一爻为阴，刚开始，才质柔弱，称之“小子”，但足以安适在阴的位置。

但是隔壁的第二爻也是阴，两阴不能兼容，《易经》里称之“无比”——就是没有邻爻相辅相佐。初一与六四，两两为阴，又是“无应”——《易经》里称初与四、二与五、三与上，如果彼此有一阴一阳，则称有应。结果初六这“小子”无比无应，所以“厉”，以至于“有言”，即是有言语之伤。在《渐》的起点，好像鸿鸟远飞之前，先居处在水岸边，只是饮水，并不急得上往。君子深明这个道理，处弱，不躁进。

一直拒绝朝廷征召，始终无心仕宦而隐居在东山的谢安，四十岁时，在官场的兄弟们仕途落马或是陨落早逝，尤其四弟谢万，北伐前燕兵败弃众独逃，被废为庶人，谢家再无重要人物在朝，家族剩他一位“明日之星”，说明日之星那是因为，身处动荡的东晋百姓对这位被推崇为“江左风流第一”的谢安，皆殷盼声名显赫的他能为天下百姓入仕，所以有称“安石不肯出，将如苍生何？”

三六〇年，东晋升平四年，谢安不得不“东山再起”，打起精神步入仕途，这个成语的出处就是来自这里。所有的人都以为他会直接到朝廷任职，没想到他竟然选择担任东晋第一权臣桓温的僚属，低调地担任“司马”一职，司马，是无职掌的佐官，基本上就是桓温的家臣幕僚，谢安示弱、处弱，他选择在矮檐下屈身，摆明谢家已经家道中落。

谢安意在向威势极盛的桓温传递一个信息：“他不在意谢万被废，桓家与谢家的关系不应因此破裂，而应该进一步向前发展。”谢安在政治上不强出头，向桓温靠拢，这个决定事后证明他是聪明的，老谋深算的。

桓温，长期掌握东晋大半的兵力，官至征西大将军、大司马、南郡宣武公。他是晋明帝——东晋第二任皇帝——南康公主的夫婿，“姿貌甚伟”，对于晋室的积弱式微，他素有不臣之志，最有名的一句话：“既不能流芳百世，也要遗臭万载！”谢安在他的麾下栖身，最危险的地方，却也是最安全的地方，虽然窝囊，可是要跳得高必先蹲得低。两家渐趋紧张的关系，因为谢安的入仕而缓和了下来。

谢安为了家族的利益，东山再起，许多人对他的决定都不以为然。他从新亭出发准备去上任，这是个轰动的大事，满朝的文武前来酬酒相送。朋友高菘借着酒意说：“你屡次抗旨，高卧在东山作隐士，大家常一起议论说，你不出来为官，天下的百姓怎么办？现在天下百姓又如何看你呢？”谢安低头不语。

第二爻·六二　鸿渐于盘，饮食衎衎，吉。

盘，大石，坚固平坦；衎衎，和乐的样子。六二这个柔爻位置在下卦艮的中间，与上卦巽的中间爻，就是九五，阴阳相应，两者以中正之道相应相和，所以，上进之道至为安固平稳，像是鸿鸟已经离开水岸，渐飞至盘石之上，饮食和乐，休养生息，累积实力，以备远行，所以得吉。

后来，王羲之辞去会稽太守的官职，一心一意地隐居。终日和一群仙朋道友，或泛游海上，或服药炼丹，高兴得不亦乐乎。王羲之对自己的一生相当满意，曾经得意地说过：“我卒当以乐死。”我终将快乐而死。事实上，王羲之晚年因为吃了不少当时流行的“五石散”，这种东西被认为是长生之药，但是，它不仅不保健，还是害人不浅的慢性毒药。

我们从他的《淳化阁帖》得知：“吾服食久，犹为劣劣。”《昨还帖》：“胸中淡闷，干呕转剧，食不可强，疾高难下治，乃甚忧之。”也从《适欲遣书帖》看到：“吾故不欲食，比来以为事，恐不可久。”书信的字体都是极好的书法，可惜得很，这些书信往返，不少字句“自述病历”，传递的是一种叫人徒增忧愁的信息。

三六一年，升平五年，王羲之病逝。老年在家含饴弄孙的王羲之，有天隔壁的赵老先生想求王羲之给其写几个字，连个两天，摊纸、磨墨，王羲之也把毛笔吃足了墨，凝神一阵之后都停顿了下来，不好意思地向老邻居说：“对不起呀，今天我没有感觉，不知道这字怎么写了，明天再写好吗？”

第三天，王羲之望着摊开的纸张，足足端详了半天，他将毛笔吃足了墨汁，在纸上猛地一画，墨点飞溅，可刚写了一个横笔，只听到“啊”了一声，王羲之握笔的手一松，毛笔滑落到地上，人向后一仰，昏死了过去，一代名师王羲之就这样离开了人世。在谢安离开东山的第二年。

他担任桓温的下属幕僚后，有一次与桓温聊天，桓温有意无意地拿出人家赠送给他的一种草药“远志”，问着谢安说：“这种药又叫“小草”，怎么一个东西有两个名字？”谢安还没来得及回答，旁人立刻接腔：“这个容易解释，不长出来叫“远志”，长出来就叫“小草”。”谢安听后深感尴尬，桓温也冲着谢安意味深长地一笑。

但是，桓温大概没有想到，眼前的这株“小草”，十三年之后，将要挫败他自己称帝的野心。

第三爻·九三　鸿渐于陆，夫征不复，妇孕不育，凶，利御寇。

陆，平原，高高的平地；夫、妇都是指第三爻“九三”，九三与上卦巽的上六爻没有应援，两阳不能相容。鸿鸟既然已经进到了平陆，应该守正等待时机。因为九三本质过刚不中，有急于冒冒失失往上的本性，所以告诫“不可进也”，否则“丈夫外出没有回来”或是“妇之产孕而不能养育”，那将会是凶啊！九三之利，只有在“御寇”，其他的应该有所不为。

几年后，谢安以弟弟谢万病逝为由，向桓温请辞回到了京师建康。不久，他被任命为吴兴太守。没几年的光阴，他的官职屡迁屡升，很快做到了吏部尚书，主导朝廷人事工作，同时兼职中护军，这个职务则是主管警卫部队。

从三六〇年初入仕途到三七二年的中间十二年，谢安并无突出的政绩，他的为政之道依然崇尚清静，不会做出惊天动地、轰轰烈烈的事。但从他卸下吴兴太守一职后，百姓依旧十分思念，可见有时候不去骚扰百姓的生活节奏，也是好官员的善事。当然，真正的关键，就是桓温势力急遽膨胀猛力发展，他先后借机诛杀了殷家和庾家两大家族的许多重要人物，甚至听从郗超的建议改易皇帝。三七一年，桓温他将已经登基五年的司马奕（史称晋废帝）罢黜，改立东晋第八任皇帝——简文帝司马昱。

桓温他盘踞在离建康不远处的姑熟，担任“大司马”，都督中外诸军事，也得有掌大权之大臣的“录尚书事”名号，朝廷文武大事全抓在手上，可说完全控制东晋王朝的政柄。谢安当然知道这个局，此时与桓温抗衡根本就是以卵击石，他只能暂避锋芒，麻痹桓温，让他以为自己不过是“无害的官僚”。

谢安暗中积蓄实力，待机而动，以非常的忍耐力和韬光养晦的处世态度，使得他和谢氏家族免受桓温毁灭性的打击。不久谢安又升任为吏部尚书，他洞悉桓温的野心，也知道简文帝比被废黜的司马奕也强不了多少，虽具文人雅士的风度，但是政治才能可说非常平庸。但谢安仍然忠心匡扶朝廷，竭力不让桓温篡权的图谋得逞。

有一次，谢安他与另一个太原大世族的王坦之，共同拜见桓温的心腹郗超——郗鉴的长孙——王羲之的外甥，当时郗超官职是中书侍郎，官位比侍中谢安与左卫将军王坦之还要低阶，但是他俩一直等到天色昏暗，郗超仍然没有接见二人，王坦之等得不耐烦，想要拂袖返回。谢安劝道：“难道你就不能为了自己的性命，再忍耐一会儿吗？”

第四爻·六四　鸿渐于木，或得其桷，无咎。

木，大树，生于陆；桷，平柯，就是平整的树枝。六四是大雁渐飞渐高，飞鸿已经居其上，平稳安全，《渐》卦已经进入上卦巽，《易经》中巽有木之意。但鸿的蹼足，不能握枝，所以只能说“渐于木”而“无咎”。六四是阴爻又处在柔位，得位，守正，虽处危地而不危。

新登基的简文帝面对桓温巨大的挑战，担心他随时会遭到废黜，终日惶惶不安，仅仅过了七个月，就一病不起了。简文帝病重，桓温认为该是自己接替皇帝的大位了，要不然至少作个周公、王莽那样的摄政王，操纵朝政。简文帝病危，急召桓温大司马入朝辅政，桓温却拒不动身，继续待在姑熟静观其变。

简文帝立长子司马昌明为皇太子，也准备好了遗诏，要桓温依周公居摄政王，辅佐少子，如果不成材，可以自己取之。担任具有宰相的权限“侍中”的王坦之，当着简文帝的面把遗诏撕毁，重新更改：要大司马桓温效法诸葛孔明的故事——做个阳春辅政光棍。

三七二年，七月，“泪下沾襟，悲痛难止”的简文帝，才登基二百三十日，约八个月，终于在忧惧中病死。换上来十一岁的司马昌明顺利即位，史称东晋孝武帝，开始由太后摄政。桓温失望极了，他两个选项：禅让皇位或是捞个摄政王，全部落空，他怀疑必定是谢安、王坦之从中作祟，心情愤恨，抑郁难平。

三七三年，宁康元年——决定东晋王朝命运的一年——谢安当政了，他被太后委以丞相重任，终于有机会表现出一代大政治家卓越的智慧。之后的十年，他和太原王坦之、琅邪王彪之共同努力，处处以大局为重，不结党营私，不仅调和了东晋内部矛盾，也帮忙东晋度过了倾覆难关。此时期被历史称为“东晋末年的复兴”。

三七三年二月，桓温准备大张旗鼓地入朝，目标之一：诛除谢安和王坦之；目标之二：强行夺取大权。当桓温要从姑熟到建康，这是朝廷大事，太后派遣了谢安和王坦之率领文武官员在新亭迎接，当然，有关他们两人将被桓温击杀的消息早已遍传京城。在新亭迎接桓温的谢、王可说是危机四伏。王坦之惊惧万分，谢安则是从容镇定，神色泰然，他还对着王坦之说：“晋室是存是亡，在此一行！”

新亭会面的现场，有许多的刀斧手藏身在屏风后，春寒料峭的冷风偶尔翻动长帘，闪出的杀气，让官员们颤抖不已，王坦之更是吓得冷汗浃背，汗水甚至把衣服都黏在身上。只有谢安镇得住，走到宴席，从容淡定地坐下，对着桓温说道：“大司马，我听说如果诸侯有道，守卫在四邻，明公为何在屏风后安排那么多人呀！”桓温哈哈大笑后把刀斧手都撤掉了，与谢安谈笑风生聊得开心，一场大祸化解于无形，不知不觉晚霞满天，夜幕悄至。

成语“入幕之宾”的典故，发生在当时。谢安与王坦之到来，桓温让郗超藏身在帐幕之后，窃听他们的谈话。郗超自幼“卓荦不羁，有旷世之度”，长他十六岁的谢安，曾认为他比自己侄子们出色。桓温则非常赏识他，常说郗超深不可测。当时风动帐开，谢安发现了藏卧其中的郗超，笑说："郗生可谓入幕之宾矣。"此成语成了"比喻关系亲近的人或参与机密的人"的代名词。

在建康京城停留了十四天的桓温，面对谢安的曲意周旋，找不到篡位的机会。加上他利用空档时间谒临晋简文帝的高平陵寝，途中发生了一些灵异事件，端坐在马车的桓温突然对着空气，拜了又拜，对身边的人说："先帝有灵，你们可有看到？"到了陵前，桓温跪拜着，不断地磕头，口中喃喃说："臣不敢！臣不敢！"大家都臆测他撞邪了，遇到先皇的灵魅。

当天晚上，桓温忽冷忽热，胡言乱语。惶惶然的桓温，急急地退回姑熟驻守地后，病重不起，桓温察觉到自己即将不久于人世，为了满足生平夙愿，一再派人向朝廷请赐九锡殊礼。所谓"九锡"，就是汉朝、晋朝等朝代，皇帝给臣子的九种最高规格赏赐物。"锡"同"赐"。九锡有车马、衣服、虎贲、乐器、纳陛、朱户、弓矢、斧钺和秬鬯。这些对象通常是天子才能使用，赏赐形式上的意义远大于使用价值。

九锡，皇帝给臣子的最高赏赐。历史上有不少授九锡者，之后大多篡位，如王莽被西汉授九锡，建立新朝；曹操被东汉授九锡，其子曹丕建立曹魏；司马昭被曹魏授九锡，其子司马炎建立晋朝；南朝的宋、齐、梁、陈开国皇帝刘裕、萧道成、萧衍、陈霸先，也曾从前朝授九锡，然后逼其禅让帝位。九锡，成了篡位首部曲。像诸葛孔明婉拒阿斗刘禅授九锡，确实是稀有特例。

对于桓温的要求，东晋朝廷当然不能断然回绝，否则他恼羞成怒，不免会有一场兵祸。结果，谢安使用“拖”字诀，他命人起草授九锡的诏书，但是每次呈上后，谢安都找个不满意的理由将诏书退稿，要求修改，甚至重写，一次两次，再三，再四，再五。果然，三七三年七月，与生命时间赛跑的桓温挺不住了，病逝姑熟。东晋王朝长期的危机终于解除了。

第五爻·九五　鸿渐于陵，妇三岁不孕，终莫之胜，吉。

陵，山岗，高大之土山，是飞鸿所止息的最高处。九五这个爻，阳刚又居上卦巽木的中间位置，处最高的尊位；与下卦艮中间位置的六二爻，阴阳相应，虽两者之间有九三与六四阻隔，好像“妇三岁不孕”，但九五与六二相须之久，相信之深，不畏一些诡邪能夺其所胜，好像夫妇最后还是可以“重圆”，所以有“终吉”的结果。

是该介绍历史上以寡胜众、以弱胜强的三大战役其中的“淝水之战”了。

三七六年，太后退出摄政，十五岁东晋孝武帝亲政后，五十六岁的谢安同时任中书监、侍中、录尚书事三职。中书监负责草拟皇上的诏令，侍中负责对诏令的审核，录尚书事则负责对诏令的全面执行，简单地讲，当时的谢安已经总揽朝政。面对国家的百废待兴，强邻的虎视眈眈，年轻的皇帝没有疑虑地把国家权柄交给谢安，按部就班的执政，东晋君臣协调，文武百官同心，东晋进入了几年难得的中兴之年。

而确实让人惊艳的谢安，他在此历史著名的“淝水之战”中，留下了六个成语给后代：庙堂之量、围棋赌墅、草木皆兵、风声鹤唳、小儿破贼、屐齿之折。

三八三年，南朝是东晋的太元八年，北朝是前秦的建元十九年。前秦的苻坚在夺得帝位，重用汉人王猛之后，国力强大，在相当短的时间之内，一统北方。苻坚率领号称兵力百万的大军，目标歼灭南方的东晋，一心希望尽早统一中国。我们另外辟文说说历史十大名相之一的王猛。这一年，执政九年的谢安已经六十四岁了。

苻坚骄傲地说光是把大军的马鞭丢到长江，就可以使得长江断流，大军进而横扫过江。这种“投鞭断流”的强敌压境，东晋的文武百官都胆战心寒。只有“庙堂之量”的谢安从容镇定，应付有方，他以弟弟谢石为征讨大元帅，侄儿谢玄为前锋，率领次子谢琰与八万“北府兵”开赴寿阳布阵。长江上游则是由桓温的弟弟桓冲率领荆州军策应。

“围棋赌墅”说的是：前秦百万大军抵达淝水后，距离京师建康咫尺之遥，东晋朝野无不感到巨大的压力。谢安竟然气定神闲地到山间别墅游玩，甚至还与前来报告军情的谢玄下棋，赌注是别墅，棋艺较差的谢安最后还赢了心神不定的谢玄，沉着镇定的功力，立见高下。其实，谢安在此节骨眼仍不疾不徐地以身教，向谢玄示范什么叫“稳而不乱”。

“草木皆兵”说的是：前秦的先头部队在洛涧附近被晋军偷袭，被击败得溃不成军，不但令秦兵士气受挫，亦令一向骄傲的苻坚信心动摇。苻坚登上寿阳城北望八公山，山上长满无数草木，北风吹过，草木晃动，苻坚还疑神疑鬼地以为那儿有无数东晋士兵在那儿。

“风声鹤唳”说的是：前秦苻坚的军队在淝水一战中大败，弟弟苻融战死；苻坚中箭，率领余兵拼命逃回北方。当他们听到不管是风吹过的呼号声或飞鹤的鸣叫声，都心惊地以为是晋兵仍在后面穷追不舍，于是他们没头没脑地日夜逃窜，饥寒交迫。

“小儿破贼”说的是：战局到了最后的关键时刻，谢安正与人下着围棋。弈棋之间，谢安收到谢玄从战线火速送来的战情书信，看毕，默然无言，继续下棋。客人知道是前方送来的战报，忍不住问：“安石兄，战况怎样？”谢安淡淡地答说：“小儿辈大破贼！”神色举止，不异于常。

“屐齿之折”说的是：客人听到捷报，高兴得不想下棋了，赶紧想把这个好消息告诉别人，就急急告辞走了。谢安送走客人，回到内宅去，他的兴奋心情再也按捺不住，猛跨过门槛的时候，踉踉跄跄地，把脚上木屐的齿也碰断了。后人评论：“其矫情镇物如此！”我倒觉得这是谢安可爱的人性。

第六爻·上九　鸿渐于逵，其羽可用为仪，吉。

逵，天衢，上天的四面八方的通道，指的是鸿鸟飞上九天，畅行无阻，鹏程万里。羽毛虽能作为装饰，而能获得吉祥，是因为心志不被扰乱的外在表现。仪，就是法，鸿群高飞，羽翅翩翩，而且井然有序，足可效法。当然宜其得吉。

淝水之战过后，朝廷并没有及时对参战将士论功行赏，尤其立有殊勋的谢家。功高震主的道理大家都知道，事实上，谢安也不希望得到奖赏，因为这将使得谢家处于众目睽睽的地位，从而招来更多的忌恨。事实的客观环境是：既然最大的国家危机已过，二十二岁的青年皇帝——孝武帝——渴望自己完全执政，粗鲁地急着要谢安的宰相权柄交出来，尤其皇帝的二十一岁弟弟“司马道子”更是摩拳擦掌地要顶替他的职权。这“酣酒兄弟二人组”执政后，朝政日趋腐败，东晋日薄西山，不过这是后话。

在晋孝武帝的一次招待宴会上，桓伊对谢安的遭遇深表同情，当天他抚筝而歌，他唱：“为君既不易，为臣良独难。忠信事不显，乃有见疑患。周旦佐文武，金滕功不刊。推心辅王政，二叔反流言。”桓伊用周公忠心耿耿辅佐周王，反而遭受流言蜚语的故事来劝谏孝武帝。在座的谢安听后，泪下沾襟。

可是，晋孝武帝并没有改变对谢安的态度，继续将谢氏家族置放在对立的位置，甚至排挤。当然，历史上看不到有任何帝王甘愿与他人分享权力，尤其以“谦冲退让”当是门风的谢家，还真没有出现一个挟权逼主的人物。谢安选择退出，完全交出政权，离开京城建康，现代人所谓的“裸退”就是他这样。

早年，谢安仍在东山时候，在一次家庭聚会中，谢安问子侄们，《诗经》中哪一句最佳？年轻的谢玄回答：“昔我往矣，杨柳依依。今我来思，雨雪霏霏。”这是一个青春年华的答案。而以才华著名的侄女谢道韫：“吉甫作颂，穆如清风。仲山甫永怀，以慰其心。”她以周王朝老臣忧心国事的咏叹回答，谢安忍不住嘉许响应：“雅人深致！”

大家好奇地问谢安自己的答案？谢安：“吁谟定命，远猷辰告。”这句话有点难懂。“吁”，大也；“谟”，谋也；“猷”，图也；“辰”，时也。整个句子的译文就是：“把宏伟规划制定下来，再把这一谋略，按时传告远近的众人。”谢安说的是运筹帷幄，了却天下事，这个比谢道韫的“穆如清风”仁者爱人，更显得举重若轻，毫无疑问这是大政治家的思想，后来当他身居宰相执政时，就是这样的思考与实践的模式。

“满招损，谦受益”的道理人人都明白，谢安却是极少数真正能做到谦冲退让的。谢安在政治利益前保持头脑的清醒，他退出中央政府，离开京城，出居广陵，准备告老还乡，重新归隐东山的山林。但三个月后，就是淝水之战结束后一年，谢安身染重病，他明白生命将尽，命令儿子谢琰解散手上的军队，两手空空的，随同自己返回京城。一个月后，三八五年春天，梅花还没落尽，谢安病逝于建康城，六十六岁的他划下了生命的句点。

谢安葬在城南九里梅岭岗，墓碑一片空白，没有书写任何文字，如同谢安澹泊的洁志。他的《渐》卦生涯，留下的智慧典范给后人追思。

台湾许多宗祠家庙的侧墙上，都喜欢彩绘上一些典故，一边画的是郭子仪多子多孙，另一边是含饴弄孙的王羲之，这就是鸟瞰历史的天伦达观。至于，运筹帷幄大胜淝水之战的谢安，在收到前线的战捷消息，淡淡地回答正在弈棋的友人说出："哦，是小儿辈大破贼！"则是千年来，许多文人追寻荣辱险滩中的淡定功力。台湾寺庙有祭拜"谢元帅"、"广惠尊王"、"广应尊王"、"护国尊王"者，就是这位谢安，就是保国尽忠与足智多谋的谢安，也是如此这种澹泊与从容的谢安。